寝台特急

「北斗星」「トワイライトエクスプレス」の記憶

旅鉄 BOOKS

植村 誠

天夢人
Temjin

CONTENTS

はじめに

「寝台列車ほど、快適で便利な乗り物はない！」

かつてそんな一席をぶってみると、同意するムキもあれば「なに言ってんだコイツは」と一笑に付されたこともありましたが、私自身はいまでもそう信じ込んでいます。

本書は、「快適で便利」だった寝台列車が日本各地を走っていた時代、とりわけ愛着してやまなかったふたつの列車を中心に、その乗車にまつわる思い出を綴ってみたものです。当時の汽車旅や、それに夢中になっていた私自身を振り返りつつ、きっと同じような思いの人も少なくないハズ……、ふとそんな思いにもかられます。乗車記のひとつひとつはごく私的な思いや出来事も綴っていますが、寝台列車の思い出を通じて読者のみなさんと共有できるなにかがあるのではないか。そんな気がするのです。

Profile

植村 誠

1965年埼玉県生まれ。どん行と夜汽車の旅を愛して数十年。日本国内のほか東南アジアや韓国、台湾などの鉄道の旅を取材・執筆中。おもな著書に『知っておくと便利鉄道トリビア集』『えちごトキめき鉄道の挑戦』（ともに天夢人）などがある。

第1章

寝台特急「北斗星」との出会い

1989〜1992

1988年3月。
寝台特急「北斗星」の登場は、
鉄道史におけるひとつの事件でもあった。
新タイプの寝台車を連結して、
青函トンネルを通って本州と北海道を直通……。
登場とともに鉄道の旅への憧れを集め、
大人気列車として君臨することになった。

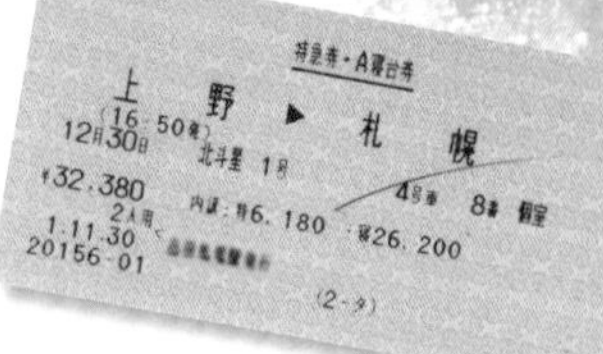
初乗車の記念品ともなった「北斗星１号」寝台特急券。

１９８９ １２/３０

憧れが現実になった夢の寝台特急

１９８８年３月、青函トンネルの開業とともにデビューした寝台特急「北斗星」。上野〜札幌間という新時代を告げるかのような運転区間、そしてシャワーつき寝台個室をはじめとする斬新な接客設備などによって、一躍大人気列車となった。私自身がこの憧れの列車にはじめて乗車したのはデビューからおよそ１年９カ月後の89年12月末。いま思い出しても楽しかったひとときではあったが、同時にそれは、「北斗星」に首ったけとなる通過儀礼でもあった……。

上野駅地平ホームにて

「いよいよこの日が来たね！」

１９８９年12月30日。年の瀬の慌ただしさを乗せた山手線の電車から解放され、上野駅に降り立った友人と私は14番線ホームへと足を速めていた。

中央改札前に広がる４面のプラットホームは地平ホームとも呼ばれ、頭端式に並ぶ13〜18番線に上野と各方面を結ぶ中長距離列車が発着していた。頭上を屋根に覆われ、列車の轍の音や構内放送が人いきれのなか交錯している。縦横に行き交う人々の間を縫うようにして、どうにか14番線ホームに辿り着いた。

「ここに来るだけで、旅立ちの気分になるな……」

いつもながらにそう思う。そんな時代だった。

振り返ってみれば、子どものころ家族旅行で蔵王や田沢湖などに向かったその出発点がこの上野駅地平ホームだったし、この夏に同じ友人と寝台特急「あけぼの」に乗って青森へ旅立ったのもここだった。しかし、いまの気分はそれまでとは大きく異なっていた。

「16時50分 北斗星1号 札幌」

列車の入線まではまだ時間があったが、14番線ホームの発車案内に浮かぶ札幌の文字。そして「北斗星」。いつのころからか憧れてきた夢の札幌ゆき特急との邂逅が目前に控えているからだ。

寝台選びも腕の見せどころ？

話はその2カ月ほど前にさかのぼる。

「つぎの冬休みには北海道に行こうか？」

友人と夕食をともにしながら、そんな話になった。

♦ 寝台特急「北陸」

上野〜金沢間を長岡経由で結んでいた。89年3月からA寝台個室「シングルデラックス」とB寝台個室「ソロ」、シャワールームを連結、一時は金沢駅到着後に寝台で休めるチェックアウトサービスでも話題に。2010年3月廃止。

もちろん、その大きな目的は寝台特急「北斗星」である。

青函トンネルの開業にあわせてデビューしたこの列車には、当然のように初列車が走った1988年3月13日以前から注目してきた。青函トンネルを介した上野〜札幌間の直通運転。シャワーつきの豪華寝台個室やフルコースディナーなどが提供される食堂車。なにもかもが夢の実現であり、そのまま憧れへとつながったのだ。

しかし、いま思えば不思議でならないのだが、一刻も早く乗ろうという意識はなかったように記憶している。ひとつにはデビューの年に大学4年に進級し、卒業に向けてのカリキュラムや就職活動に追われていたこともあったが、夢の実現と思いながらも、その破天荒ともいえる魅力に対しリアリティを感じることができなかったのかもしれない。

そんなさなか、89年10月に上野〜金沢間の**寝台特急「北陸」**のB寝台個室「ソロ」を体験し、プライベートルームで寛ぐ夜旅の楽しさに魅せられたのである。「北陸」には「北斗星」と同様に1回300円で利用できるパブリックシャワールームも用意されていた。そして、シャワーを浴びながら「これは夢ではないのか?」とシアワセを実感してしまったのであった。

友人を北海道旅行、もとい「北斗星」の旅に誘ったのは、その余韻が後押ししたがゆえであることは間違いない。

同意を得てさっそく計画に着手したが、すでに会社員のはしくれになっていたため、年末年始の短い休暇を利用せざるをえない。時刻表と格闘しつつ、上野から12月30日発の「北斗星1

「北斗星」の上野〜青森間は田端運転所所属のEF81形電気機関車が牽引。車体には流れ星をイメージした「北斗星」仕様塗色が施されていた。

号」で札幌に向かい、そこから特急「オホーツク3号」で網走、さらに釧網本線経由で釧路に足を延ばすことになった。

計画は順調に決まったものの、そこに立ちはだかったのが「北斗星」の寝台券入手である。ウワサによるまでもなく、寝台券の争奪戦が壮絶であろうことは容易に想像がつく。しかも、友人とは以心伝心で2人用個室に乗るつもりになっている。

「北斗星」には2人利用できる寝台個室が3タイプ用意されていた。2人用A寝台個室「ツインデラックス」と2人用B寝台個室「デュエット」、さらにシャワーつきの1人用A寝台個室「ロイヤル」が追加料金で2人利用に対応していた（この当時、JR東日本編成では未対応）。言うまでもなく最上級である「ロイヤル」に乗ってみたいが、当時の

「北斗星1・2号」にはたった2室しかないため争奪戦のリスクがあまりにも高いだろう。そこで注目したのが「ツインデラックス」であった。同じA寝台個室なのに「ロイヤル」のように専用のシャワーや洗面台などの設備がないにも拘わらず寝台料金は「ロイヤル」の2人利用と大差がないのだ。それならば通常のB寝台と同額の「デュエット」のほうがおトク感が高いと誰でも考えるのではないか。さらに「デュエット」より1室多い8室が用意されている。つまり「ツインデラックス」のほうが取りやすいのではないかと考えたのである。

寝台券争奪戦は真剣勝負！

11月29日23時過ぎ、都内某駅に繰り出す。ガード下の駅舎にみどりの窓口があるので、その入口に陣取った。幸いにして先頭を確保できたものの、しばらくすると同じように指定券狙いの人がちらほら現われる。終電時刻が過ぎると閉じられたシャッターの外で待つことになったが、何人か集まっていたおかげで自然と順番が決められたのにホッとした。ひょっとすると、順番を巡って不愉快な事態になりはしないかと心配していたからだ。

物珍しさからか、駅にもきっぷにも用があるわけでもないのに別の友人が一緒に並んでくれたので退屈しのぎにはなるものの、初冬の夜を屋外で過ごすのはあまりにも寒い。

そんな一夜をどうやってやり過ごしたのかはよく覚えていないのだが、そろそろ始発のころあいだと思っていると、ガラガラとシャッターが開かれた。用意しておいた申し込み用紙を狙いどおりにトップで窓口に差し出す。しかし、見るからに接客が不得手そうな風体の駅員が無愛想にこう告げた。

「（北斗星の寝台券は）ウチでは取れたことがありませんから。あと、こっち（食堂車予約）はやっている時間がありません」

並んだのはこちらの勝手とはいえ、そのつっけんどんな応対にムカっ腹が立ったが、ともかく10時ジャストに発券端末であるマルスに入力してもらうのが先決なので、

「難しいのは承知していますから、よろしくお願いします」

とだけ言いおいて引き換えの番号札を受け取る。

いま思い出しても気分の悪い応対だったが、昼過ぎに仕事を抜け出して再び駅を訪れてみれば、

「いやぁ、ウチで取れたのはじめてですよ！」

と、別の駅員が満面の笑顔で「北斗星1号」の「ツインデラックス」の寝台券を差し出してくれた。おまけに食堂車の予約券も2枚、確保してくれていたのである。これで、どうにか希望どおりの出発準備が整った。

「北斗星1号」に乗り込む

時刻は16時過ぎ。この時間帯、上野駅地平ホームを発着するのは近郊の普通列車がほとんどで、発車待ちの車内には立客の姿も多い。そんな日常の情景のなか、にわかにエンジン音が近づいてきた。

「北斗星1号」の入線である。

ほどなく、下り方の線路の暗がりのなかから、ブルーの車体が姿を現わし、24系客車の長い編成がエンジンの轟音とともにゆっくりと接近してくる。エンジン音の正体は編成端に連結されている電源車カニ24形。ときに会話もままならないほどの音量だが、旅立ち前の上野駅地平ホームににつかわしいサウンドだ。

14番線ホームに並ぶ車列を前に、いまだったらまずはカメラを手に右往左往するところだが、当時の私はカメラを持参することがほとんどなかった。しかし待望の「北斗星」である。ホーム上でその編成の最前部から最後尾まで1往復してから、今夜の居室が待つ4号車に乗り込む。

「個室に乗れるんだったら、10万、20万を払ってもいいんだがな……」

背後のホームからそんな声が聞こえてきて恐縮してしまうが、およそ16時間に及ぶ長旅をプライベート空間で過ごしたいというのは、誰もが抱く気持ちなのだろう。

ツインデラックス室内。ほぼ開放型B寝台と同じ床面積を持ち充分な余裕があった。下段はソファー兼用で、寝台面を持ち上げると背もたれになる仕組み。上段にも小さな窓がある。

自室の扉を開けると、2段ベッドと回転椅子つきのテーブルセット、ビデオモニタ、クローゼットなどが備えられた細長い空間が出迎えてくれた。1人用A寝台個室「シングルデラックス」を2段ベッドにしたような構造だが、あちらは11ないし14室、こちらは全8室と、そのぶん空間に余裕がある。友人は「意外と狭いんだね」と言いながらも、興味津々に室内を点検している。

そこに車内放送。

「この列車は北斗星1号、札幌ゆきです。本日の北斗星1号と記された寝台券をお持ちのお客さまがご利用いただけます。なお、本日の寝台券はすべて売り切れております」

出発前後の車内放送もまた汽車旅の旅情を盛り上げてくれるものだが、今日の気分は格別。なにしろ、「北斗星」と「札幌ゆき」なのだから。

◆ 食堂車「グランシャリオ」

この時代、すでに絶滅危惧種となっていた食堂車だったが、「北斗星」ではセールスポイントとして拡充が図られていた。予約制ディナーと予約不要のパブタイム、モーニングタイムと長い道中のアクセントにもなっていた。

室内でこれからの16時間余を想像していると、壁越しに長い発車ベルが聞こえ、ほどなく扉が閉じられた気配が伝わってきた。

16時50分、「北斗星1号」の出発である。

憧れてきた旅立ちを楽しむ

14番線を発車した「北斗星1号」がホーム端から続く暗がりを抜けると、暮れなずむ車窓が個室の窓に広がった。並行して走る山手線と京浜東北線電車。心なしか電車車内からの視線を感じるのは、日ごろ私自身が「北斗星」に羨望の視線を送ってきたからであろうか。

「このまま北海道まで渡れてしまうというのもすごいよね」

「明日の朝は、この窓から北海道の風景が見られるってことでしょう?」

友人と頷きあう。

ほんの1年数カ月前まで、陸路で本州から北海道へ渡るには、青函連絡船をはじめとする海路を利用する必要があった。上野から夜汽車に乗って辿り着いた青森駅では、ホーム先端にある青函連絡船の乗り換え通路に急ぐのが常だった。それが、個室で気ままに過ごしながら札幌に着いてしまうのだ。

そんなことを考えていると、車内放送で停車駅が告げられていた。

「盛岡を出ますと、つぎは函館に止まります。函館到着は明朝4時24分……」

森、八雲、長万部……。そんな駅名を上野発の車内で聞くのが心地いい。

続けて車内設備の案内が始まる。内容を要約すると、編成は最後尾の電源車を含む11両。寝台個室があるのは、私たちが乗っている4号車「ツインデラックス」のほか、3号車「ロイヤル」と「デュエット」、5号車「ソロ」で、5号車の半室は「ロビー室」。そして6号車が食堂車「グランシャリオ」でシャワールームやディナー予約などの案内も流れる。そのほかの車両は開放型の2段式B寝台である。

そうこうしているうちに荒川を渡り、17時15分に大宮着。新たに「ツインデラックス」に乗り込んでくる気配はなかったが、ここからの乗客もちらほらいるようだ。

「こちらは**食堂車グランシャリオ**でございます」

大宮を発車してしばらくすると、食堂車からディナータイムの案内放送が流れた。ディナータイムは予約制で、「北斗星1号」では17時30分からと19時からの枠を用意。予約時間帯後はパブタイムとして予約なしで利用できるスケジュールだ。私たちは2回目の時間枠で予約してある。

お腹が空く空かないと関係なく待ち遠しいが、その前にすることがある。シャワールームは利用時間を指定する予約制で、食堂車でシャワーカードを購入する必要があるのだ。予約客に紛れ込むようにして食堂車に繰り出し、無事に友人とふたりぶんのシャワーカードを入手する

♦ 皮製キーホルダー

「北斗星１・２号」車内で販売されていたグッズのひとつで、寝台個室のルームキーにも同じものが用いられていた。初乗車の車内で購入し、いまでも大切に使い続けている。

ことができた。

あとはのんびりと自室で過ごせばいい。いましばらくは出発の余韻を実感しながら暮れた車窓を眺めることにしよう。

それにしても不思議な乗り心地だ。すでにほぼ満席のハズの公共交通に乗っているというのにこの静けさ。他人の気配をほとんど感じないまま、列車で北国へと向かっているのである。すでに車窓は夜の帳に包まれているが、「北斗星」に乗っているのだという実感が、なによりも心地いい。

大満足だったディナータイム

「お待たせしました。ディナータイム2回目をご予約のお客さまは……」

郡山駅の構内に差しかかるころ、待望のお呼びがかかった。さっそく自室に鍵をかけ――これが重厚な**皮製キーホルダー**つきである――食堂車に出向くと、予約券の確認とともにリザーブされてあるテーブルに案内された。木目を活かした落ち着いた調度。テーブルに設えられたスタンドの灯が柔らかい。乗り合わせた人々も、この特別な空間を静かに楽しんでいるように見える。

アルコールが苦手な友人だが、葡萄酒ならＯＫと白のハーフボトルをオーダー。思いきり寛いだ気分で食前酒を楽しむ。

「グランシャリオ」と命名された食堂車の予約制ディナーは、フランス料理コース（7800円）や懐石御膳（5500円）などハイレベルなメニューで話題となった。が、私たちが予約

「北斗星１号」の食堂車。テーブルスタンドや間接照明のほのかなあかりがムードを盛り上げる。「北斗星」食堂車は、保有会社や改造時期によって車内デザインと調度に違いがあった。

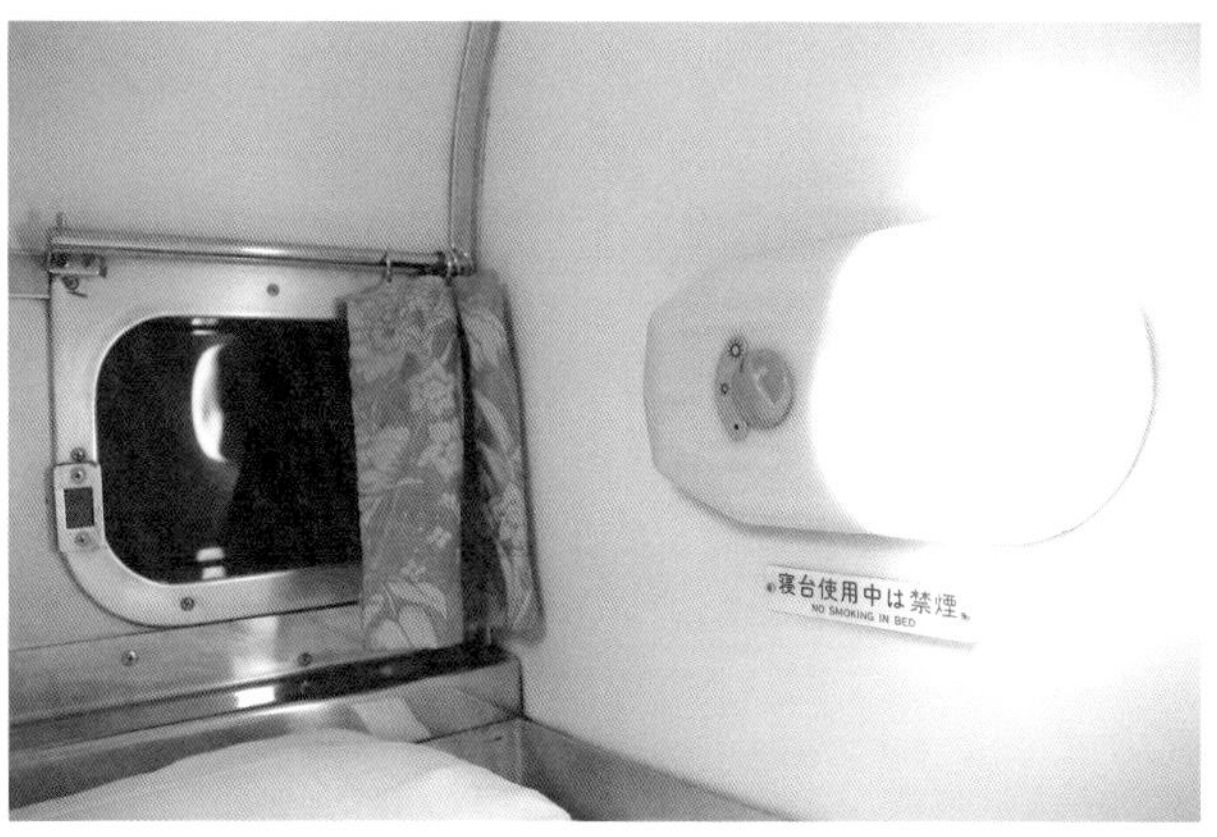

ツインデラックス上段ベッドには小窓が設けられていた。従来からの開放型Ａ寝台の上段と同様の設備だが、小さいながらも寝転がったまま車窓が楽しめるのはありがたかった。

しておいたのはビーフシチューセット（3000円）。私が好きな料理だということもあったが、じつは当初のフルコースメニューの見本写真に鎮座しているロブスターが大の苦手で食欲が失せたということのほうが大きい。

しかしこのビーフシチューが旨かった！　憧れの食堂車ということもあったのかもしれないが、「へぇ〜、こりゃぁ美味しいねぇ！」と、友人と顔を見合わせてしまった。いつの間にか予約メニューから姿を消してしまったがパブタイムメニューで残ったため、その後に「北斗星」を利用したさいは、これが食べたいがためにパブタイムまで夕食を我慢することもあったほどなのである。いまでも再会できたらと思っているのだが……。

青函トンネル突入を見届けて…

充実したディナーを終え、隣接する6号車のロビー室を訪れてみた。窓を背にした長いソファと窓向きに並ぶ回転椅子。混雑しているかと思いきや、2〜3人が寛いでいるだけだったので、私たちもソファに腰を下ろす。夜間ゆえ車窓はほとんど見えないが、寝台列車にあって、明るく広々とした空間は気分転換になるものだなと思う。

同様の設備は「はやぶさ」など東京〜九州間の寝台特急にも連結されていたが、「北斗星」では一角にシャワールームが設けられており、グレードの違いを見せている。そのシャワールームでさっぱりし、パブタイムで賑わう食堂車を通り抜けて自室に戻る。これまでの汽車旅では、そのほとんどを自分の座席や寝台で過ごしてきたのに対し、「北斗星」ではこのように自由になる空間が広く多彩だ。こんなところにも夢の実現を見る思いがしたが、なににも増して自室というプライベート空間がありがたい。

私自身は寝台列車のベッドで熟睡するのが大好きで、適当なところで深夜の車窓に別れを告げることにしている。この夜、どのあたりまで起きていたのかが思い出せないのだが、本州最後の停車駅である八戸（0時53分発）は見送らなかったように思う。ただ、さすがに青函トンネルが気になるので、目覚まし時計を車内放送によって告げられた時刻に合わせるのは忘れなかった。

アラーム音に起こされると、「北斗星1号」は進行方向が変わっていた。本州と札幌方面とを結ぶ列車は、一部列車を除き青森と函館または五稜郭で進行方向を変えていたのである。部屋の灯を消したまま友人とふたりで車窓に見入る。すでに新中小国信号場を過ぎていたらしく、森とトンネルが交錯している。

「つぎが青函トンネルかな？」

そう呟いたかと思うと、列車は長いトンネルへと突入したことがわかった。トンネルに入って間もなく、3回にわたりライトが車窓をよぎってゆく。

「入ったね……」

鉄道紀行の御大・宮脇俊三さんが綴っているように、トンネルはそれがいかに偉大なシロモノであろうとも、入ってしまえばどうということがないものだ。まだ寝たりないし、無事に青函トンネルに達したのを見届けて再び夢のなかへと戻った。

それは「囚われの身」への第一歩だった

つぎに目が醒めたのは、函館本線の大沼付近であった。下段を友人に譲り、私は上段で寝ていたが、幸いにして上段にも小さな窓があるので外を窺うことができる。まだ夜明けには間があったが、窓の外に雪原が広がっているのがわかる。

「列車に乗ったまま北海道に上陸したのだな……」

青函トンネルを越えた鉄路の旅を実感するが、心地よい揺れと轍が「もっとゆっくり眠りなさいよ」と誘ってくるのには抗う術もない。

友人とともに起きるころ、「北斗星1号」は洞爺に差しかかろうとしていた。通路側のカーテンを開くと、通路の向こう側に内浦湾が広がっているのが見えた。

「おはようございます。食堂車グランシャリオでは……」

食堂車から朝食の案内放送が流れる。時計を見ると時刻は6時30分。列車はわずかに遅れているようだったが、札幌到着は8時53分なので持ち時間は意外と少ない。急いで身支度を整え、ころあいを見計らって食堂車を訪れた。

朝食はパンやスクランブルエッグなどを中心とした西洋式と和食からのチョイスだ。ふたりで異なるメニューを選び、いつもと違う朝食を楽しむ。個室内とは異なり、左右両方に広がる車窓を堪能しながらの朝食タイム。終着駅が刻一刻と近づくなか、「北斗星」の旅はそのギリギリまでその行程を楽しませてくれる。

「素晴らしい一夜だったね」

およそ7分遅れの9時ジャスト。私と同様に大満足したらしい友人とともに、終点の札幌駅へと降り立った。

いい列車だった。しかし、まさか――というのは適当な言葉ではないが――この旅が「北斗星フリーク」への第一歩だったのを思い知らされるとは、まだ想像すらしていなかったのである。

1989年12月時刻表

列車名		1号
入線時刻		1636
発車番線		⑭
上野	発	1650
大宮	〃	1715
宇都宮	〃	1812
郡山	〃	1935
福島	着	2009
	発	2010
仙台	着	2111
	発	2113
一ノ関	着	2220
水沢	〃	2239
花巻	〃	2304
盛岡	着	2330
	発	2332
八戸	着	052
青森	着	レ
	発	レ
函館	着	424
	発	432
森	着	517
八雲	〃	543
長万部	〃	607
洞爺	〃	639
伊達紋別	〃	651
東室蘭	〃	710
登別	〃	725
苫小牧	〃	755
千歳空港	〃	815
札幌	着	853
到着番線		⑤

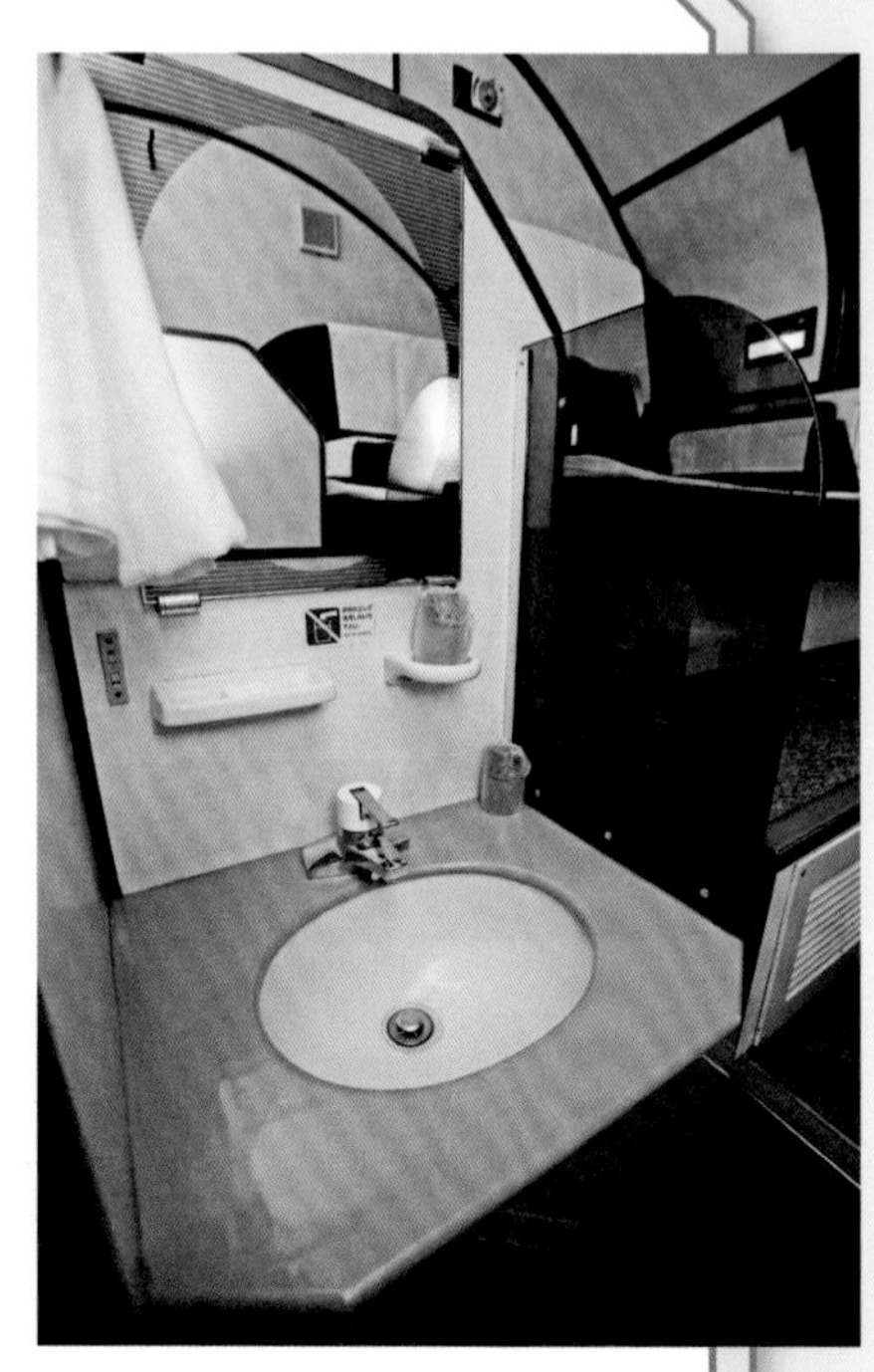

〝虎の子ツインデラックス〟には、室内出入口前に洗面台が設けられていた。

デラックス」は室内に2段式寝台と回転椅子つきテーブルセット、ビデオモニタ、クローゼットなどが備えられているが、この1両のみ2台のベッドがボックス席のように並行に配置され、上下階室が交互に計8室設けられている。2人用B寝台個室「デュエット」を大型化したような構造で、個室内に洗面台が備わるなど、ほかの「ツインデラックス」と一線を画したつくりになっているのである。

室内間口は通常の2段式「ツインデラックス」が1920㎜なのに対しオロネ25-551では2700㎜（「デュエット」は1900ないし1940㎜）。上階室の側窓は天井縁部分の曲線に沿った大型窓で、室内灯を消して寝転がればそのまま夜空を眺めることができた。出入口付近に階段と洗面台のスペースがとられていた。下階室は中央部分が天井縁まで天地が取られ、その曲線に配された側窓のひとつが天窓のようになっている。ともに、向かい合わせになったベッドに腰掛ければ、４人程度で同室しても余裕十分に過ごせそうで、現に件の乗車時に３人で談笑していても狭いとは感じなかった。

この個室には、93年１月の「北斗星２号」で再会。同乗した友人とは、以前にレギュラータイプの「ツインデラックス」に乗っていたが、友人は「部屋のなかに洗面台つきか。前のはなかったな。ベッドもだいぶ広くないか？」と室内を興味津々に点検していたものだった。

COLUMN

たった1両のツインDX「オロネ25-551」

「北斗星」の車両は、次章で触れる「夢空間」を除きいずれも既存の14系と24系（食堂車は485系と489系）からの改造で誕生している。その先駆的存在だったのが「ツインデラックス」で、「北斗星」デビュー前の1987年３月から上野～青森間の特急「ゆうづる」に連結されており、開業を１年後に控えた青函トンネル直通列車の広報的役割を担っていた。

その「ツインデラックス」のなかで、たった１両だけ仕様が大きく異なる車両があった。JR北海道が保有するオロネ25-551の車両番号を持つ車両で、1989年６月にオハネ14からの改造で「北斗星」の車両群に加わっている。

たまたま本書執筆中に、写真を提供してくださった鉄道カメラマンの佐々倉実さんとその話題になったが、とある雑誌取材の帰途にその「虎の子ツインデラックス」に乗車する機会があった。そのときのメンバーは某編集部のMさんと佐々倉さん、私の３人。私自身には別の１人用個室があてがわれていたのだが、就寝前のひとときを「ツインデラックス」の１室で一杯ひっかけつつ鉄道や本づくりの話で盛り上がったものだった。本編で紹介したように、「ツイン

広さも充分に確保されていた贅沢空間であった。列車同様、引退が惜しまれる。

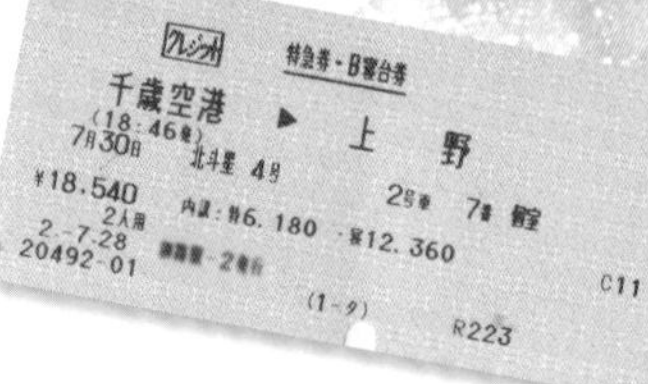

乗車日を目前に、現地できっぷを入手！

B寝台個室「デュエット」の乗り心地

2度目の「北斗星」乗車のチャンスは、初乗車の翌年夏に巡ってきた。初回と異なる寝台を体験しようとB寝台個室「デュエット」に狙いを定め、かつ上り列車に乗ってみることに。しかし肝心の寝台券確保に失敗。かろうじて入手できた臨時寝台特急「エルム」のB寝台券を手に北海道へと繰り出した。

3カ所で臨んだ寝台券確保に失敗！

はじめての「北斗星」体験で「北斗星」そして寝台列車のトリコになった私は、翌2月に博多からの帰路に「はやぶさ」の1人用B寝台個室「ソロ」に乗車、4月には週末を使った北陸散歩の往復に「北陸」を利用し、さらにその深みにハマってゆくことになった。

そうこうしているうちに、会社勤めの貴重な夏休みが近づいてくる。私が勤務していた会社は、いわゆるお盆休みのほか7月下旬に5日間の休暇を設けていた。そのころならば盆暮れと比べて混雑も少ないので、当然にしてどこかに行きたくなってくる。どこかにというのは、も

釧網本線の車窓に展開する釧路湿原と釧路川。イトウのほかタンチョウヅルなど希少な生き物の宝庫でもある。四季それぞれの景観美も素晴らしい。

ちろん北海道のことであり、言い換えれば「北斗星」に乗りに行くことである。

「また同じところで悪いんだけどさ、釧路に行かないか？」

件の友人を誘うとふたつ返事でOKが出た。ただ、前回の「北斗星」旅でも釧路に立ち寄っていることから、訝る気持ちもあったらしい。

「『北斗星』に乗りたいんだろうけど、なぜ釧路に？」

じつはそこには子どものころからの憧れがあって、釧路川でイトウ釣りに挑戦したかったのである。イトウとは北海道やサハリンなどの河川に生息するサケ科の魚で、ときに1メートルを超す大物が現れるという。釣りマンガの傑作『釣りキチ三平』（矢口高雄・講談社）で主人公の三平くんが根釧(こんせん)原野を舞台

✦ 寝台特急「エルム」

「北斗星」と同じ上野～札幌間で運行されていた寝台特急で、1989年7月にデビュー、2006年8月まで多客期を中心に運行されてきた。臨時列車の扱いで、個室や食堂車などを連結しない開放型B寝台のみの編成であった。

に幻の魚とも呼ばれるイトウ釣りに挑んだ物語は、魚釣りの面白さとともに北辺の大地への憧れを募った。イトウが釣れるかどうかはこのさい問題ではなく、三平くんが歩いた釧路川に少しだけでも触れてみたいと思ったのだ。もちろん釣り竿を片手に。

そして、釧路を訪れるにあたって「北斗星」のほかにもぜひ乗ってみたい乗り物があった。当時、東京の有明と釧路港とを結んで運航されていた近海郵船フェリーである。有明を深夜に出航して船中で2泊。釧路には翌々日の朝に着くという航路もまた、子どものころからの憧れだったのである。ようは、「豪華寝台特急」「イトウ釣り」「豪華フェリー」と、子どものころの憧れをまとめて実現してみようと思ったワケだ。

フェリーでの狙いはシャワールームつきツイン個室の1等船室。運航会社に問い合わせると、ちょうど新しい船「ブルーゼファー」と「サブリナ」に切り替わったとのことで、写真が満載されたパンフレットを郵送してくれた。

一方、「北斗星」は帰路に乗車することにし、2人用B寝台個室「デュエット」に狙いを定めた。

それぞれの予約確保にあたって、今回は某大手旅行代理店に依頼することにした。フェリーと「北斗星」のほか釧路～千歳空港（現・南千歳）間の特急「おおぞら」と釧路で利用するレンタカー、さらに釧網本線沿線の温泉宿の予約をセットにしてオーダー。同時に、「北斗星」に乗車する1カ月前には前回と同様に10時打ちを狙って都内某駅で徹夜を敢行することとし、今回は別の駅でも友人がマルス一番乗りを試みることになった。こうして、合計3カ所で10時打ちをしてもらうという、万全な準備体制を整えたのである。

ところが、往路のフェリーは希望どおりに確保できたものの、主役である「北斗星」の寝台券確保はまさかの全敗。友人が訪れた某駅窓口で全車開放型B寝台の臨時**寝台特急「エルム」**が確保できたのでとりあえず購入し、あとは「北斗星」寝台個室のキャンセル待ちに賭けることになったのだが、「北斗星」への変更ができないままの出発となった。

釧路駅で希望の寝台券をゲット！

残念ながら（いや、むしろ当然か）釧路湿原で幻の魚・イトウの姿を見ることはなかったが、魚釣りだけでなく細岡展望台からの湿原の展望や熱気球搭乗などを楽しみ憧れの地の片鱗に触れることができた。

釧路からは予定どおり13時27分発の「おおぞら10号」で「北斗星4号」との接続駅である千歳空港まで向かうが、じつはその足取りはとても軽かった。

船中2泊の船旅を満喫したのち、釧路駅前でレンタカーを借りて釧路湿原に繰り出したのだが、レンタカーよりも先に、まず釧路駅でみどりの窓口に立ち寄ってみたのである。言うまでもなく、「北斗星」の寝台個室のキャンセル狙いのためだ。当初の狙いは「デュエット」だっ

♦ 千歳空港駅

千歳空港駅は1980年に国鉄がはじめて設置した空港連絡駅で、歩道橋で駅と空港のターミナルを直結していた。1992年7月の新千歳空港ターミナル開業に伴い、駅名を南千歳と改称。新たに南千歳と新空港ターミナルに直結する新千歳空港駅とを結ぶ2.6kmの支線が開業し、空港連絡駅としての役目を終えている。

たが、このさい「ロイヤル」だろうが「ツインデラックス」だろうが「ソロ」2室だろうが、取れるものを取ってやるぞという意気込みなのである。

「あー……、これはないですよ」

2日後の「北斗星4・6号」の個室希望を記入した駅備えつけの申し込み用紙を目にするなり、窓口の係員が苦笑混じりでそう応じつつも、手際よくマルスをセットしてくれた。すると、

「おっ、4号のデュエットがありますね！」

と驚いた表情で即、エンターボタンを押してくれたのである。

「よかったですね。1室だけキャンセルが出ていたんですよ！」

徹夜で並びいの一番にマルスを打ってもらったのが空振りしたかと思いきや、乗車2日前にして問題の寝台券が取れることもあるワケだ。やはり諦めないことが肝心なのである。

千歳空港にて〜北海道ゆきは汽車と船？

無事に主役の寝台券を手に入れ、予定どおり釧路から「おおぞら10号」に乗車。17時49分に**千歳空港駅**に到着し、18時46分発の「北斗星4号」を待つ。

千歳空港駅での待ち時間は1時間弱あるので、歩道橋で駅と直結している千歳空港を見物してみることにした。

列車発着時を除くと閑散とする駅と比べ、空港ターミナルには絶えない活気があった。土産物も豊富で、毛ガニやホタテなどの水産物も思ったほど高くはなく、せっかくだからと宅配で自宅に送ってもらう。

余談だが、私自身はこの空港を飛行機の乗客として利用したことがなかった。北海道へは50回以上訪れているのにである。それどころか、道内13カ所の空港（休止中の礼文空港を含む）で乗り降りしたことがなく、北海道に行くといえば「汽車と船」なのであった。やがて時代が変わり長距離交通手段の選択肢が減ってゆくなか、私自身もまた、航空がほとんど唯一の選択肢となってしまった感があるのだが……。

この時代の私はもちろん鉄道ありきであり、その主役が「北斗星」であった。その「北斗星4号」が18時40分過ぎに札幌方から接近。定刻に到着し、私たちは今夜の宿である「北斗星4号」の2人用B寝台個室「デュエット」に乗り込んだ。

デュエットの夜はふけて……

「意外と広いな……」

「デュエット」の扉を開けた第一印象である。確保できたのは2号車7番。「北斗星」のB寝台個室の「デュエット」と「ソロ」は上段室と下段室とが互い違いに配置され、奇数が下段室になった構造である。私たちの居室（下段室）は上段の床が向かい合わせになったベッド上に張り出しているものの、ベッド間は天井まで空間が取られているので、室内で立ち上がることができる。向い合せのベッドに腰掛ければボックス席と同様に車窓が楽しめる点は、前回乗った「ツインデラックス」よりも快適かもしれないという構造だが、ようは通常の開放型B寝台を上下段ごとハコに収めたようなもので、改造にあたって新たに窓や床が設けられた上段はともかく、下段の区画ごとについては開放型と個室との間に大差があるわけではない。しかし、壁と扉で仕切られた空間を占拠できる個室はやはり快適で、改造前（開放型B寝台車両）の構造を活かしつつ巧みに生まれ変わらせたものだと感心する。

また、前回の「ツインデラックス」も同様だったが、複数人用の寝台個室でベッドごとにカーテンが備えられているのは日本独自の意匠かもしれない。私自身、ヨーロッパや中国、東南アジアの寝台車を体験してきたが、海外ではコンパートメント形式でベッドごとにカーテンがある寝台車にはお目にかかっていないのである。もっとも、わざわざ2人用個室をともにするような懇意の間柄であれば、カーテンはあってもなくてもというところかもしれないが、海外ではコンパートメントでもベッド売りになっているケースが多い。習慣の違いもあろうけれど、逆に外国人に日本の寝台車に対する感想を訊いてみたかったと思う。

室内を検分しているうちに「北斗星4号」は千歳空港駅のホームを静かに離れていた。車窓はまだいくらか明るく、車窓には北海道の平原が続くのが見渡せる。上り列車だと乗車直後の余韻とともに北海道の風景が楽しめるわけで、旅の締めくくりに向けて気のきいた演出といえるかもしれない。

「北斗星4号」は定刻どおりに苫小牧、登別、東室蘭と停車してゆく。それぞれの駅でわずか

「デュエット」下段室。上段用のハシゴがない点を除くと開放型B寝台を思わせるフォルムだが、やはり個室は快適だ。写真は初期の室内で、その後はマイナーチェンジが実施された。

千歳線沿線に広がる麦畑を借景に「北斗星」が走る。北海道ならではの車窓を寝台個室で眺める気ままな汽車旅…。素晴らしき寝台列車の時代だったのだなと思う。

気分転換の場として設けられていた「ロビーカー」。写真はJR東日本のオハ25で、手前側にシャワー室がある。保有会社や改造時期などによって構造や調度に違いがみられた。

ながら乗車があるようだったが、当然のこととして降りてゆく人はまずいない。こうして、乗車側と下車側とで停車駅の役割が異なっているのは、夜行列車、とりわけ寝台列車の大きな特徴といえるだろう。

すでに夜の帳が降り、車窓の大半は暗闇となった。ときおり、家の灯や背後の壁を照らす自動販売機、人気のない街灯が過ってゆく。個室で寛いでいると深夜になったような錯覚に陥る。

「まだかな?」

「そろそろだと思うけど……」

前回の「北斗星1号」では食堂車ディナーの予約ができたが、今回は出発前に寝台券すら入手できていなかったこともあって行き当りばったり。乗車前、千歳空港ターミナルで弁当を買うことも考えたが、食堂車のパブタイムを利用してみようという話になって、そのオープンを待ちわびているのである。「北斗星4号」のディナータイム終了は21時30分ごろ。すでに20時55分発の長万部を過ぎていたが、さすがに空腹が気になってきた。

「席が埋まっちゃうとアレだから、先に近くまで行ってようか?」

言われてみればそのとおりだなと思い、居室のある2号車から食堂車に隣接する6号車ロビーカーに移動すると、ちょうど見計らったようにパブタイムの案内放送が流れた。おかげで一番乗りを果たしたが、同じように考えた人もいたらしく、早々にテーブルが埋まった。

ビールとカクテルで乾杯し、前回の「北斗星1号」で感激したビーフシチューセットと再会。遅い夕食をのんびりと楽しみながら「北斗星4号」の夜はふけていった。

1990年7月時刻表

列車名		4号
入線時刻		1804
発車番線		⑤
札幌	発	1811
千歳空港	〃	1846
苫小牧	〃	1906
登別	〃	1936
東室蘭	〃	1950
伊達紋別	〃	2009
洞爺	〃	2022
長万部	〃	2055
八雲	〃	2119
森	〃	2145
函館	着	2232
	発	2238
青森	着	057
	発	107
八戸	発	レ
盛岡	着	レ
	発	レ
花巻	発	レ
水沢	〃	レ
一ノ関	〃	レ
仙台	着	547
	発	549
福島	着	650
	発	651
郡山	着	728
宇都宮	〃	854
大宮	〃	950
上野	着	1012
到着番線		⑬

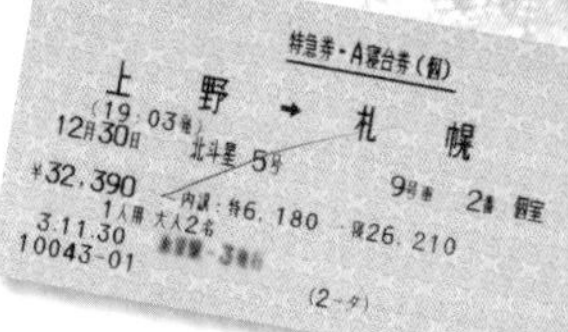

ついに入手した「ロイヤル」の寝台券。

1991 12/30

ついに憧れの「ロイヤル」に！

「北斗星」への憧れ、その中心的存在だったのが1人用A寝台個室「ロイヤル」ではないだろうか。個室内にシャワーと洗面台、トイレを備えるなど、ホテル並みの設備を揃え、「北斗星」のランドマークであるとともに、最先端の寝台列車の象徴でもあった。しかし、その最高の寝台個室は1列車にわずか4室。「北斗星」人気が続くなか、その寝台券入手はまさに狭き門。初乗車からまる2年後、私もその狭き門に挑むことにしたのだが……。

戦慄の上野駅徹夜行列

「故郷(くに)に帰る汽車のきっぷを買いにきたんですよ」

1991年11月30日深夜26時ごろの池袋駅である。

すでに冬の寒波が到来し、明治通りに面したシャッターを背に過ごすにはキツイ一夜となった。周囲には同じように1カ月先のJRの指定券を求める人たちが十数人。さらに駅付近を根城にしているらしいホームレスが数人集っていた。

垂涎の的だった「ロイヤル」。写真はJR東日本の増備車で、ベッド下に収納されたエキストラベッドを引き出してダブルベッドに。車両により調度が異なる点も見どころだった。

そんなひとりから「どこに行くんだ？」と訊かれ、道楽で乗る豪華寝台特急の寝台券を買うとは言いづらいので帰郷の足と誤魔化すのだが、訛りのない受けごたえを聞けば、ウソなのが丸見えであろう。もっとも、訊いてきた本人にとってはどうでもいいことらしく「そうか」と短く答えると、冷えたシャッターに寄り掛かって目を閉じてしまった。

池袋駅でこうして夜を明かすのははじめての体験だったが、これまで同様に過ごしたほかの駅と異なる世界がここにはあった。ホームレスのおじさんたちのなかには剽軽(ひょうきん)な人もいて和んだが、一目見てアブナイと避けたくなるような男たちもチラホラ。シャッターが閉じられる前の深夜には、劇画のなかのヤクザ者よろしく白のスーツと赤シャツにサングラスをかけた男が弟分と思しき男を連れてコ

✦ 2人利用もできた1人用A寝台個室「ロイヤル」

「ロイヤル」は1人用個室だが、補助ベッドを使用することで2人利用も可能だった。ちなみに、私が両親用に確保した寝台券は1人利用。購入後に2人利用に変更できるか、みどりの窓口で確認すると車内精算で変更できるとのことで、実際にそのように取り計らってもらった。

ンコースを往復し続けていた。ふと「人買い・女衒（ぜげん）」という言葉が思い浮かんだ。幸いにして彼らの標的にされるような人はいなかったらしく、いつの間にか姿を消していたが……。

私の「北斗星」熱はますますヒートアップしており、90～91年にかけての年末年始休暇に「北斗星3・4号」の「ツインデラックス」で上野～札幌を往復、91年4月には青函トンネル内にあった吉岡海底駅見学を軸に函館周辺を散策し、帰路に「北斗星6号」の「デュエット」を楽しんだ。しかし、乗り重ねてくると、とある個室への思いがますます強くなってくる。「北斗星」の最上級寝台として君臨する「ロイヤル」である。そして、この日は「ロイヤル」の寝台券を入手すべく、何度目かの駅前徹夜を敢行することになったわけだ。

第5章でも述べるが、じつはこの夏に「ロイヤル」の寝台券を入手したことがあった。

1989年7月から大阪～札幌間で運行をはじめた寝台特急「トワイライトエクスプレス」に乗ろうと画策した私は、91年の夏休みに向けてその計画を進めていた。例によって某駅で徹夜ののち、札幌～大阪間の1人用B寝台個室「シングルツイン」を入手。往路「北斗星」寝台券の入手は失敗したものの、最大の目的は果たせることになった。

ところが、

「夏休みだが、ハワイにでも遊びに行かないか?」

と勤め先の先輩が誘ってきたのである。

メンバーは先輩と先輩の彼女、私の同期でウマのあっている男と4人。

汽車もいいけどハワイもいいねとあっさり鞍替えした私は、入手していた「トワイライトエクスプレス」の寝台券を両親に譲りハワイに行き先を変更。しかし、せっかくなら両親にもっと楽しんでもらいたいと思い、何度かみどりの窓口詣でを繰り返していると、乗車11日前になって**「ロイヤル」**が確保できてしまったのである。

「ご両親にプレゼントなんて、やるじゃない」

と、一緒にハワイに行く先輩の彼女。こちらの心境は複雑である。

そんなこともあって、ここはどうしても「ロイヤル」に乗ってみたい。

乗車1カ月前の早朝、狙いどおりにトップで申し込み用紙を池袋駅みどりの窓口に提出することに成功した。あとは運を天に任せるだけである。

「ロイヤル」を訪れる静かな興奮

昼前にみどりの窓口を訪うと、無事に「北斗星5号」の「ロイヤル」寝台券が取れていた。

「取れたよ、取れた！」

さっそく電話で友人に一報。件の「トワイライトエクスプレス」はひとり旅の予定だったが、今回は友人を誘っていたのである。電話の向こうからも興奮の気配が伝わってくる。まだ帰路のための寝台券争奪戦が待っているが、まずは大成功である。

それからまるひと月が経った12月30日。上野駅14番線ホームから、待望の「ロイヤル」に乗り込む。指定された9号車は1人用B寝台個室「ソロ」との合造車で、札幌寄りに上下段に配置された「ソロ」が12室、「ロイヤル」2室は上野寄りに並ぶ。「北斗星」の「ロイヤル」車両はいずれもB寝台個室との合造車だが、大半の車両が前後2エリアに分かれたB寝台個室区画に挟まれるようにして「ロイヤル」を配置しており、私たちが乗るタイプはJR東日本が所有する3両のみ。希少な車両にあたったわけだが、「ロイヤル」室内の設計や調度などにも会社や改造時期などによる違いがあり、乗り比べへの興味も湧いてくる。

「すごいねっ！」

扉を開けるのを友人に任せると、目前に現われた部屋を目の当たりにして驚きの声があがった。

私たちの居室は壁面が木目調に統一され、テーブルや回転椅子などの調度もウッディカラーでコーディネートされているのが新鮮な印象だ。木目を活かすデザインは、いまではわりとポピュラーな存在だが、当時の鉄道車両としては斬新だったのではないだろうか。ベッドはソファ兼用でシングルサイズになっており、ベッド下に備わる補助ベッドを引き出すとダブルベッドになる仕組み。そして、テーブル側の扉を開けると折畳み式のトイレと洗面台を備えるシャワールームがお目見えする。

こうした設備面でも際立つなか、目を引いたのが側窓だ。幅1600㎜×高さ880㎜と破格サイズといっていい大型窓で、この点もまた同じA寝台個室の「ツインデラックス」をはじめとするほかの設備と大きく異なる魅力だ。

「えっ？ でも走っているその大半は夜でしょう？」

「ロイヤル」室内のシャワー室は折り畳み式の洗面台と便座がつく。リネン類の棚も設けられている。シャワーは10分間利用でき、リセットボタンを押すとさらに10分間延長できた。

と思われるむきもあるかもしれないが、夜の車窓もまた夜汽車ならではの楽しみ……というのは、同好の士にしてみればいわずもがなであろう。街あかりひとつだって旅情を誘うこともあるし、通り過ぎる平凡な家並みだって夜汽車からの眺めは魅力となるものだ。夜に浮かぶ山並みや海岸もまた格別なのである。

そんな発車前のひととき、私につきあわされた友人は、鉄道雑誌などで「ロイヤル」の車内の写真を見ていたとはいえ、実際目の当たりにすると想像以上の驚きだったようで、シャワールームやビデオモニタなどの点検に忙しい。私はといえば、早々にソファに寛いでホームを眺めていたりするのだが……。

「ロイヤル」で愉しむ旅立ちのひととき

19時03分、上野駅を静かに発車するとともに、「ハイケンスのセレナーデ」をマクラにした車内放送が流れる。停車駅、列車編成、そして食堂車の順に列車内の設備や営業内容などが案内される。いつもながらに旅情をかきたてられるイベントだ。

その放送が終わってほどなく、「ロイヤル」の扉がノックされた。「ロイヤル」限定のウェルカムドリンクサービスである。食堂車女性スタッフが手にするトレーには、「おたるワイン（白）」のハーフボトルとスコッチウィスキーのミニボトル、缶入り緑茶やミネラルウォーターのほか、水割り用の氷がグラスとともに載せられてある。恭しい物腰でテーブルに置かれるのを目の当たりにしつつ、「ここは『北斗星』のなかでもさらに別世界だな」とうれしさがこみあげてくる。

「明朝のコーヒーまたは紅茶のサービスは何時ごろお持ちいたしましょうか？」

「北斗星」では「ロイヤル」独自のサービスだったウェルカムドリンクセット。水割り用の氷も用意されている。自室で楽しんでもよし、旅の土産としてもうれしいサービスだった。

目覚めタイムの人的サービスまであるとは、まさに列車のファーストクラスといってもよさそうだ。

今回の旅では食堂車の予約はしていない。というのも「北斗星5・6号」は当時3往復体制の「北斗星」でしんがりをつとめていた。始発駅の発車時刻も19時台と比較的遅いため、予約制ディナータイムは1回限定。つまり、前回の「北斗星4号」ほど待たずにパブタイムの席につけるだろうと考えたのである。

「でもやはりフルコース料理を食べてみたかったなぁ」

とボヤく友人をなだめつつ、「おたるワイン」で乾杯！

えっ？ シャワーが故障!?

パブタイムを満喫し自室に戻ると、部屋の前の廊下で車掌が壁のなかの機器と格闘していた。

「ロイヤルご利用の方ですね」

こちらの気配に気づくと、車掌が少し困ったような顔を向けた。

「どうしましたか？」

「どうも給湯関係が不調でして……。やはり、シャワーはお使いになりたいですよね？」

2室並ぶ「ロイヤル」の間の扉が開かれ、なかに機器が埋め込まれているのが見える。こんなところに給湯関連機器があるとは知らなかったが、それよりも友人が「それはないでしょう？」と不満げな表情をしているほうが気にかかる。

「それは、まぁ……。シャワーも楽しみにしていましたから」

取りあえずそう答える。

この顛末、じつはいつどのように復旧したのかがいまひとつ思い出せないでいる。たしかに自室のシャワーが使えない状態だったことと、友人が部屋のなかで残念そうにしていたのに加え、私自身が明るくなってからシャワーを使ったような記憶もあるので、翌朝までお預けになって復旧したのかもしれない。

特別な設備やサービスが売り物であるうえ、乗客のほうもそれを前提に利用しているわけだが、ときにこうした不慮の事態だって発生する。あるときは上り「北斗星」で「ツインデラックス」がダブルブッキングしたらしく、車掌がその対応に追われているのに遭遇したこともある。このときは運行中の全「北斗星」はいずれも「ツインデラックス」が満室。私が乗っていたB寝台個室「ソロ」に隣接する車掌室から、運転指令との緊迫したやりとりが聞こえていたが、最終的にどのような解決を見たのだろうかと思う。「ツインデラックス」の寝台券が取れたからこそ鉄道を利用する人もいるだろう。一方で、運休を含む予定外のアクシデントは常にありうる。設備やサービスが多様化してゆくなか、ときに現場の苦労を窺わせる出来事に遭遇することもあるわけだ。

「ロイヤル」ならではの車窓の楽しみ方

シャワー事件はあったものの、「北斗星5号」は順調に北上を続けていた。盛岡まで起きていたような気もするが、これまで体験したことのない「ロイヤル」の幅広ベッドはあまりにも

千歳線の新札幌付近を「北斗星が」終点に向けて快走！　函館～札幌間では客車とコーディネートされた塗色のDD51形ディーゼル機関車が重連で牽引していた。

快適で、青函トンネル通過もまったく記憶にない。

その青函トンネルを払暁前に抜け、ふと目覚めると窓の外は一面の雪原になっていた。「みなさまおはようございます。ただいま時刻は6時20分。列車は定刻で運行しております」

函館到着を控え、車内放送が再開される。6時38分、函館駅4番ホームに到着。1号、3号がともに早朝4時台なのに比べ余裕があるからだろうか、ホームを窺うとこの駅で下車してゆく人も少なくないようだ。すでに1日がはじまっており、「北斗星」以外の乗客の姿も見える。

函館を定刻に発車すると、「北斗星」は雪原のなか大沼に向かって勾配を駆け登ってゆく。深い積雪ならではのくぐもった走行音。

ほのかに走行の感触が伝わってくるほかは、無声映画に近い夜明け前の車窓である。やがてひときわ広大な雪原と化した大沼が「ロイヤル」の車窓を占めた。

そんな風景を、ベッドに寝転がったまま肘を立てた手のひらに顔を乗せた格好で眺めている。それこそが、このときの「ロイヤル」乗車で実感したもっとも贅沢なひとときだったのかもしれない。

そんな寛ぎを乗せ、「北斗星5号」は定刻の10時57分に札幌に到着した。

1991年12月時刻表

列車名		5号
入線時刻		1846
発車番線		⑭
上野	発	1903
大宮	〃	1929
宇都宮	〃	2029
郡山	〃	2156
福島	着	2230
	発	2231
仙台	着	2332
	発	2334
一ノ関	着	レ
水沢	〃	レ
花巻	〃	レ
盛岡	着	レ
	発	レ
八戸	着	レ
青森	着	レ
	発	レ
函館	着	638
	発	644
森	着	レ
八雲	〃	レ
長万部	〃	815
洞爺	〃	849
伊達紋別	〃	レ
東室蘭	〃	919
登別	〃	933
苫小牧	〃	1003
千歳空港	〃	1023
札幌	着	1057
到着番線		⑤

上野～青森間では流れ星をイメージしたデザインを施された交直流両用のEF81形電気機関車が牽引。ブルーの車列に流れる金帯もまた美しい。(東北本線　東鷲宮～栗橋間)

EF81 93
北斗星
HOKUTOSEI
JR

COLUMN

徹夜が当たり前だった寝台券争奪戦

「北斗星」のような超人気列車体験をしたいとき、最初で最大の難関となるのが寝台券など指定券の確保だろう。初運行列車はもちろんだが、夏休みシーズンや年末年始などはその確保競争は熾烈を極める。JRの指定券前売りがはじまる乗車日１カ月前の10時にあらかじめ指定席情報を入力してもらったマルス（JRグループの指定席予約・発券端末）のエンターボタンを押してもらっても入手できないことが珍しくないのはご存知のとおり。

本章のころの「北斗星」はまさにその代表格で、最繁忙期に乗ろうとすれば、本文に記したとおり発売開始日を駅前徹夜で迎えるのが半ば常識であった。繁忙期以外では、少し早めにみどりの窓口に並んで目の前で入力してもらうのだが、10時ジャストのエンターで「……満席です」と買いそびれたことが何度かあった。

そうなると日程をずらすかキャンセル狙いかということになるのだが、キャンセル狙いの成功率は決して悪くないというのが実感だ。本書で取り上げた３つの列車いずれでも貴重な寝台個室を入手できているし（失敗もあったが）、それ以外でも「サンライズ出雲」の初運行のさいに１カ月前10時に入手を失敗したのち、キャンセル狙いで寝台券が確保できたことがあった。

いずれにせよ、粘りと気力の勝負といった思い出ばかりだが、その後はみどりの窓口のある駅が減る傾向にあることや、ネット決済が拡充しつつあることなど、時代の変化を感じないではいられない。同時に、「北斗星」のような「どうしても乗りたい列車」再登場への渇望もあるのだが……。

第2章

特別な寝台車を堪能した時代

1993～1998

「北斗星」の歴史にあって、
特異な存在感を示しているのが「夢空間」である。
未来の寝台列車をイメージして試作された3両ユニットの編成で、
臨時「北斗星」などで運行されてきた。
2章ではその片鱗を紹介しよう。

1993
02/28

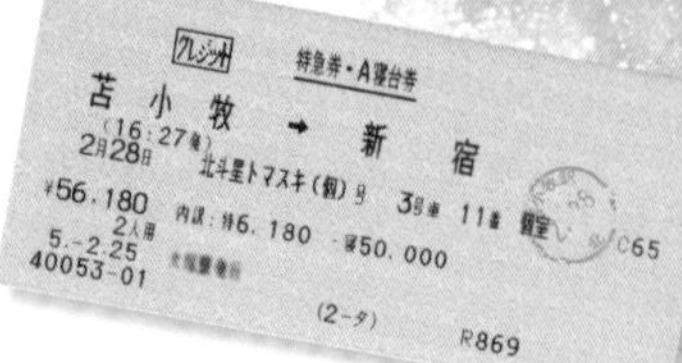

「夢空間」寝台券をキャンセル待ちで入手。

夢にまで見た(?)「夢空間」を体験！

「北斗星」で活躍したもうひとつの特別な車両が「夢空間」である。将来を見据えた新しいタイプの寝台車両として企画され、完全な新車として落成。車両定員6名という破天荒な寝台車と自動演奏ピアノつきのラウンジカー、編成端での使用を前提とする展望タイプの食堂車の3両からなるユニットで、「北斗星」の一員としては1991年1月に「北斗星トマムスキー号」でデビュー。その後は臨時「北斗星」などで活躍し、2008年3月に引退している。私自身は4度の乗車機会に恵まれたが、まずはその最初の体験を綴ってみたい。

御大・宮脇俊三も驚愕した夢の寝台車

「おっ!?　ひとつ空いてますね」

都内某駅の顔なじみの駅員が意外といった表情でマルスの画面からこちら側に視線を移した。

大事件である。思わずカウンターに身を乗り出した私の声にも緊迫感が走る。

「えっ？　出たんですか!?」

「っと、ビックリするなぁ（笑）。ほら」

駅員がマルスの画面をこちら側に向け、同時にエンターボタンが押されるのが目に入った。機械から吐き出された券面には「苫小牧→新宿 北斗星トマスキ（個）号 3号車11番 個室」の文字。そして特急料金・寝台料金込みで5万6180円のお値段。

念願の夢空間「スーペリアツイン」の寝台特急券が確保できた瞬間である。

＊

私が寝台特急券を手に入れたのは寝台特急「北斗星トマムスキー号」である。この列車は1989年1月19日に上野〜トマム間でデビューし、冬期の臨時列車として運行されてきた。北海道側のターミナルが大型スキーリゾートとして開発されたトマムであるところも新鮮だが、最大の注目点はその車両にあった。編成には「北斗星」と共通する24系客車が充当されていたが、1991年1月からは上り方に「夢空間」と呼ばれる3両の車両群が連結されていたのである。

「夢空間」はダイニングカー（オシ25－901）とラウンジカー（オハフ25－901）、2人用A寝台個室3室からなるデラックススリーパー（オロネ25－901）の3両で構成された編成だ。私が予約できた「スーペリアツイン」は、そのデラックススリーパーの1室なのであった。

室蘭本線を南下する「北斗星トマムスキー」。DD51形ディーゼル機関車に３両ユニットの「夢空間」車両がつづく。窓配置や色使いなど、遠目に見ても特別な車両であることがわかる。

この車両群は鉄道雑誌でも取りあげられていたが、私がまずのめり込んだのは当時発行されていた月刊誌『旅』（JTBパブリッシング刊）1991年4月号に掲載された宮脇俊三さんの紀行文であった。『速報！　超豪華列車「夢空間」試乗記』と題されたルポルタージュは、抑制とユーモアの効いた文体の宮脇ワールドが鉄道写真家・真島満秀さんのリアリティあふれる写真とともに展開。当時の運行区間である横浜〜トマム間の旅模様と「夢空間」車両の魅力が誌面に充満していたのである。

宮脇さんが乗車したのは「エクセレントスイート」で、「スーペリアツイン」の上位に位置づけられる最高峰の寝台個室であった。寝台車であるオロネ25‐901の部屋数はわずか3室。うち2室が「スーペリアツイン」で、「エクセレントスイート」はまさに孤高の存在。占有面積は「エクセレントスイート」がおよそ9・5畳、「スーペリアツイン」が6畳弱に相当する（いずれもバスルーム部分を含め「江戸間」で換算）。いずれも2人用個室で、つまりは1両の定員がたった6名という浮き世離れした営業車両だったわけだ。

3室の寝台個室は、いずれも本格的なツインベッド——寝台車の〝寝台〟とは一線を画したような——を備えるほか、ユニットバス、つまり「湯舟」がついている点が傑出していた。

それを目の当たりにした宮脇氏の驚きぶりを引用してみよう。

バスルームの扉を開けてみて驚いた。シャワーではなくて、「風呂」があるのだ。このための大量の水をどこに貯めるのだろうと思う。シャワーのある列車は珍しくなくなったが、バスタブのある寝台車などお目にかかったことがない。（月刊誌『旅』（ＪＴＢパブリッシング刊）1991年4月号36〜37ページ）

寝台車以外にも、自動演奏ピアノやバーカウンターのある「ラウンジカー」や編成端に位置する展望タイプの「ダイニングカー」などが誌面から訴えてくるのだ。

「ほうら、あんたも乗りたいだろう〜？」

もちろん、この記事に感激した私は「いつか乗ってやるぞ〜」と意気込むことになったのであったが。

✦ 横浜博覧会

1989年3月25日から10月1日にかけて横浜市の横浜みなとみらい21地区で開催されたイベント。会場では日本初となるリニアモーターカーの営業運転を実施。「夢空間」の展示など鉄道会社とのタイアップもあった。

最初は建築物だった「夢空間」

「夢空間」は、「北斗星」をはじめとする寝台列車の需要喚起などを狙って試作された車両で、「北斗星」の運行開始からわずか数カ月後にその企画が持ち上がっていたという。すでに寝台個室やグレードアップした食堂車などが人気を博していたなか、「しかし、個室はAクラスとBクラスの一部であり、車両自体は改造を主体としたため、車両製造、デザインとも限界があったことは事実であり、開発担当者内には今一歩の思いがあった」(「メイキング・オブ 明日の寝台車――JR東日本 夢空間車両」相原恒一、松本禎夫・「鉄道ピクトリアル」1991年9月号)ことなどが、新たな寝台列車用車両誕生につながっていったのであろう。

ここでの最大の注目点は改造ではなく完全な新造車として開発されたことであった。プロジェクトは進展し、およそ半年後に実施予定の**横浜博覧会**(1989年3月25日~10月1日)における自社パビリオンで出展することとなったものの、当面は営業運転の見通しがない。そのため、あくまで「今後の寝台車」のモデルケースとして展示することを目的とし、車両ではなく建築物として計画が進むことになったのである。

とはいうものの、計画では当初から「北斗星」に連結しての営業運転が想定されており、走行機器などを既存のオハ25形と共通とすることや耐寒耐雪構造などが取り入れられたことが、前掲記事で紹介されている。一方、短い製作期間や展示利用などを考慮し、実車でなくモックアップとする案も浮上していたというが、その段でも営業運転を前提とした実車製作への方向が示されることとなったという。

横浜博覧会中の桜木町駅前で展示中のラウンジカー「クリスタルラウンジ・スプレモ」。会期中は車両内部を見学することもできた。

桜木町駅前で展示中の展望食堂車「ダイニングカー」。会期中はレストラン営業され人気を博した。引退後は埼玉県の「ららぽーと新三郷」にラウンジカーとともに移設された。

◆ 吉岡海底駅

青森側の竜飛海底と北海道側の吉岡海底駅が設けられていた。正しくは「定点」とされ、緊急時の避難対策基地として万が一のさいに列車を停車させ地上まで誘導するようになっている。駅としては2014年3月15日に廃止された。

構造面では、この段階で寝台車とラウンジカー、ダイニングカーの3両であることが決定しており、寝台個室内のバスタブや編成端食堂車といった仕様が固まっていった。調度やデザインのグレードの高さや新しさへのこだわりは、3両それぞれの内装担当に大手百貨店を起用したところにも見てとれる。「デラックススリーパー」を高島屋、「ラウンジカー」に松屋、「ダイニングカー」は東急百貨店がそれぞれ内装に携わることになり、この点でも新しい取り組みとなったといえるだろう。

こうして厳しい納期などとの戦いを経て「夢空間」は無事に完成。博覧会でその存在感をアピールすることとなった。

「夢空間」が本線デビューしたのは横浜博覧会閉会後の工場への輸送で、同年10月25日には池袋～日光間で最初の営業運転を実現。そして、「北斗星トマムスキー号」として1991年1月19日の初運行を迎えたのである。

いよいよ「夢空間」とご対面！

1993年2月某日。私たちは寝台特急「あけぼの」で青森に着くと、快速「海峡5号」に乗継いで**吉岡海底駅**へと向かった。

この乗継ぎもいまや昔語りだが、青函トンネル内に2カ所設けられた緊急避難拠点である青森側の竜飛（たっぴ）海底と函館側の吉岡海底の両駅で見学イベントが実施されていたのである。吉岡海底の場合、青森から快速「海峡」で訪れ構内見学ののち、次の「海峡」に乗継いで函館に向かう仕組みだった。海底駅では、係員の説明に耳を傾けながらホームや避難通路などを見学、私自身はこの日が2度目の体験である。ついでながら、見学には専用の指定券を購入するのだが、「Z539海峡●号」（Zは「ゾーン」の略、●部分には最初に乗車する「海峡号」の号数が入っていた）と記されたきっぷには、快速であるにも拘わらず「急行券・指定席券」と印字されているのが興味を引いた。当時をして、すでにJRの「急行」は絶滅危惧種であった。

函館で1泊ののちは臨時特急「はこだてエクスプレス」で北上、沿線を散策しつつ苫小牧で主役の「北斗星トマムスキー号」を迎えることになった。本来は起点のトマムから乗るべきだと思うのだが、週末を使っての小旅行にならざるをえなかったため、あえて乗車区間を妥協したのである。

少し早めに苫小牧駅に到着すると、早くも改札口に設置された発着案内標には「16時27分北斗星トマムスキー号 横浜」の文字が現われていた。いよいよこのときがと思うが、同時にやはり始発駅から乗りたかったとの後悔の念も過る。

しばらくして改札開始の案内放送が流れる。さっそく改札口に立つ駅員に「北斗星トマムスキー号」の寝台特急券と乗車券を差し出すと、つかの間「ぎょっ」としたような面持ちできっぷを凝視されてしまった。こちらとしても、その気持ちが少しわかるだけにうれしくなってく

首都圏から石勝線に足を延ばす点でも希少な存在だった「北斗星トマムスキー」。新夕張～占冠間を最後尾に「夢空間」車両をしたがえ終点のトマムを目指す。

る。やはり特別な寝台車なのだ。軽く黙礼して改札口を通過する。

ホームで待つことしばし、トマム方から青い列車が接近してきた。先頭に「北斗星カラー」と呼ばれる青いDD51形ディーゼル機関車の重連、つづいて1号車「ダイニングカー」が姿を表わすと、

「なにあれっ?」

友人がすっとんきょうな歓声を挙げた。

つづいて2号車「ラウンジカー」、そして今宵の居室がある3号車「デラックススリーパー」が現われ、我々の目前で停止した。

じつは同行の友人はとりたてて鉄道に関心があるわけでないのに加え、私のほうでも現地で驚かそうと思い「面白いのに乗れることになったよ」ぐらいの説明しかしてこなかったのである。しかしその外観からして常軌を

逸したようなデザインである。ほかの車両はいわゆる「ブルートレイン」のそれだが、「夢空間」の3両は大型の窓を配した緑ベースにゴールドをあしらった食堂車と臙脂色とベージュを配したラウンジカー、青とグレーの配色とゴールドのラインが際立つデラックススリーパでそこだけが別世界。目の前に現われた鉄道車両のインパクトは並ではなかったようで、「遊園地のアトラクションじゃないんだからさ」などと、わかるようなわからないような友人の驚きの声とともに3号車に乗り込んでゆく。

室内検分も愉しからずや

「へっぇ～っ、すごいね」

自室の扉を開けた友人は、感嘆ともため息ともつかない声を表情で部屋のなかを眺め回している。もちろん私も部屋に入るなり視線が右往左往したままだ。アールデコ調に統一された室内デザインと調度。出入口正面のやや右側にテーブルセットが備わり、その正面にビデオモニタがセットされている。左側がベッド区画で、2台のシングルベッドがテーブルスタンドを挟んで線路と並行に並ぶ。雑誌掲載の写真から想像していたのと比べるとややこぢんまりとしているように感じられるが、これまで体験してきたいかなる寝台車とも異なるホテルの1室そのものである。

「でね、すごいのはココだよ」

思わず得意顔でバスルームの扉を開ける。たぶん、そうと知らなければここだけを見て列車内だと思う人はいないのではないだろうか。左手にバスタブ——律儀にカーテンつきである。その横の洗面台には温水と冷水に対応した混合栓つき。向かって右側が洋式トイレで、その上部にはドライヤーが備わっている。「ロイヤル」のシャワールームは折畳み式洗面台と同じく折畳み式のトイレを備え、ごく限られたスペースで巧みな設計を見せているが、「夢空間」のバスルームはそれとはまったくの別物といっていい。ところが、

「風呂もすごいけど、一番驚いたのはコレだよ」

友人が指さしたのはビデオモニタの上に据えつけられているカード式公衆電話だった。携帯電話が普及する以前の話である。なにかあったときに公衆電話があれば助かるだろうとは思うが、こんなところで仕事に追われたいとは思わないし、旅の話など帰宅してからすればいい。この公衆電話にどれほどの出番があるのだろうかとも思うが、こうして自分と違った感想を聞くのもまた刺激的ではある。

室内検分がひと段落するころ、ダイニングカーからウェルカムドリンクが届けられた。メニューは「ロイヤル」とほぼ同じ。じつは定期「北斗星」ならともかく、スキー客をおもなターゲットにしたこの列車で、苫小牧などという途中駅から乗って無事に届けられるのか少し心配していたのだが、ともあれ乾杯である。

しかし、ソファは座ってみれば座面が薄く堅いうえ、背もたれが浅すぎて中途半端なベンチのようであるし、座ると窓を背にすることになってしまうのが面白くない。せっかくの力作だが、この点には不満が残った。

ラウンジカー&ダイニングカー

19時を回るころ、自室を出てダイニングカーを訪れる。デラックススリーパーのすぐ隣がラウンジカーで、入ってみるとアールヌーボー調の内装や調度に高級感が漂っている。食事前に手洗いという友人を待ちながら室内を観察するが、残念なことに「宮脇ルポ」で大活躍していたバーカウンター内は無人で、営業はしていないらしい。自動演奏ピアノも沈黙しているようで、サービスが簡略化されたのかなと思う。

「ちょっと、ちょっと。すごいよ、ココ!」

レストルームから出てくるなり、友人が興奮した声で手招きする。なにが起こったのかと訝りつつレストルームを見て驚いた。洗面台には幅1・5mはあろうかと思われる大型の鏡。ステンドグラスの装飾も目を引く。トイレ個室の広さも尋常ではない。それもそのハズで、通常は中央通路を挟む片側の空間でしかない施設を、片側通路として寝台区画と同じ幅を確保しているのである。現在ではバリアフリートイレなどで片側廊下式のものが多く登場しているが、当時これまで体験したなかでもっともゴージャスなトイレであり洗面所だったかもしれない。

隣のダイニングカーを覗くと、客の切れ間だったのかいくつか空席のテーブルがあってホっとする。この列車では事前予約ではなく、その混雑具合を心配していたからだ。4人テーブルが4脚と2人テーブルが3脚、さらに4人テーブルを配した個室も用意されている。客席区画には天地1160㎜、幅1790㎜（編成端の区画は幅1890㎜）の大型窓がテーブルごとに設えられ、編成端は一面のガラス張りの展望仕様。もっとも、この時はDD51形に視界を遮られているのだが。

メニューはフランス料理ミニコース、「トマム森林風ステーキディナー」と「北海の幸ディナー」（ともに4000円）の2種がメイン。友人と別々のメニューを味わい、夕食後はラウンジカーで寛いだ。バーカウンターの営業はないものの、ダイニングカーがドリンクやつまみのオーダーに応じているので、食後酒を片手にしばし友と語り合う。

世界唯一の体験を経て……

翌朝、目が覚めるとカーテンの向こう側が明るい。時計を見ると7時30分を過ぎている。

昨夜、自室に戻ったあと、一計を案じた私は青函トンネル通過中の「入浴」に打って出た。

走る列車のなかで風呂に入るというのも希有な体験だが、それが海面下およそ240mでの出来事というのも世界唯一ではないかと思ったのだ。小ぶりなバスタブとはいえ、やはり入浴は快適。そんな効果もあって朝の車内放送も気づかないほど熟睡していたらしい。もっとゆっくりしていたいが、今日は新宿で下車してその足で得意先に直行することにしてあるので、とり

「夢空間デラックススリーパー」。寝台個室側には８枚の側窓が並ぶが、これで１車両定員６人とはまさに浮世離れ。３室ともバスタブつきのため、給排水関連の設備の大きさが窺える。（尾久駅にて）

デラックススリーパーのバスルーム。これが列車内だと信じる人はどれだけいるだろうか。限られた空間ゆえバスタブもごく小型だが、設備の限界に挑んだという感じがする。（森嶋孝司／RGG）

「スーペリアツイン」では線路と並行にツインベッドが並ぶ（「エクセレントスイート」はセミダブルベッドがL形配置）。手前にソファセットやバスルームなどがある。（森嶋孝司／RGG）

あえず身支度だけ整える。

するると、こちらの気配に気づいたのか、隣のベッドの友人も目を覚ましたようだ。

「けっこう寝られるもんだね。もっと揺れるかと思ってたけど、音も静かだし」

そう言われてみれば、乗り馴れたなみいる寝台車と比べて静かに過ごせたような気もする。床下からの震動対策や防音がしっかりしているのかもしれない。

ほどなく扉がノックされ、朝のコーヒーが届けられた。

コーヒーで軽いインターバルを置き、朝食を求めて再びダイニングカーへと繰り出す。

明るくなったなか見渡すダイニングカーは、夜間よりも開放感と展望性に優れていると感じた。ディナーのときは先頭で牽引するDD51形に視界を遮られていたが、函館で方向転換したあとはダイニングカーが最後尾になっていたのである。その後方展望を眺めながら朝食をいただく。食事中、通勤客らで賑わう大宮駅に停車し、しばし注目を浴びてしまった。このままダッシュで出社しても軽く遅刻という時間である。関係者に目撃されたらマズイなと友人と顔を見合わせて笑ってしまうが、内心は戦々兢々としていたのであった。

「北斗星トマムスキー号」は駒込付近で山手貨物線に入り、池袋を経て新宿駅に到着した。列車はさらに横浜を目指すが、さすがにそこまでの時間的余裕はない。長いようで短かった週末汽車旅の終わりであった。

1993年2月時刻表

列車名		北斗星 トマムスキー
トマム	発	1428
札幌	〃	||
南千歳	〃	||
苫小牧	〃	1627
登別	〃	1658
東室蘭	〃	1714
伊達紋別	〃	レ
洞爺	〃	レ
長万部	〃	1830
八雲	〃	レ
森	〃	レ
函館	着	2024
	発	2050
青森	着	||
	発	||
盛岡	着	レ
	発	レ
仙台	着	レ
	発	レ
福島	着	レ
	発	レ
郡山	着	レ
宇都宮	〃	810
大宮	〃	917
上野	〃	||
池袋	〃	949
新宿	〃	956
横浜	〃	1030

赤羽～池袋間の東北貨物線を走る「夢空間」。回送時やイレギュラーな臨時列車などでこういう姿も見られた。

函館発20時50分。函館を定刻に発車し、列車は五稜郭から津軽海峡線へと分け入ってゆく。ほどなく海岸線の気配を感じさせはじめると、列車は茂辺地の手前で函館湾を臨む高台に飛び出した。

思わず息を飲んだ。

文字どおり鏡のように静まり返った函館湾を満月が照らしている。たぶん雲もほとんどないのであろう。空がどこまでも深く広がり、海原の対岸にはシルエットと化した函館山が同じように月あかりを受けているのが見える。そして函館山やそこにすぐ隣り合う函館の街のシルエットに浮かび上がる街あかり……。そんな情景が室内灯を消した「ロイヤル」の大型窓の向こうに広がっているのだ。

この絶景は茂辺地の先もわずかずつその姿を変えながら木古内まで続いた。乗り馴れた道行きと記したが、これはこの時代の定期「北斗星」の個室からは得られない車窓であった。1991年3月ダイヤ改正で編成の向きが変更されて以来、「ロイヤル」をはじめとする個室の窓は津軽海峡線内で内陸側を向いていたからだ。ところが、このときの「夢空間北斗星82号」は青森駅を通らない青森信号場経由のルートで運転されたため、定期「北斗星」とは編成の向きが逆で、それがこの絶景車窓を可能にしてくれたのである。

カメラを持参していない時代の話である。いま思えばもったいないことをしたものだが、一方で脳裏に焼き付いた光景を思い返すと写真を撮る必要などなかったのだとも思った。

COLUMN

各地を走った「夢空間」

「北斗星トマムスキー号」で一般の臨時列車としてデビューした「夢空間」は、その後も折に触れ臨時列車に連結されてきた。記憶とともに手持ちの資料を手繰ってみると、首都圏～北海道間の運用が目立つなか、神戸や北陸本線などでの運転実績もある。

私自身は「北斗星トマムスキー号」体験ののち、「夢空間」に3度乗る機会に恵まれた。「夢空間北東北」（弘前（ひろさき）～上野間＜ソロ＞・1995年5月）と「夢空間北斗星82号」（札幌～大宮間＜ソロ＞・95年6月／函館～大宮間＜ロイヤル＞・95年7月）である。

この3列車のなかで、もっとも鮮烈な思い出となっているのが「ロイヤル」で過ごした「夢空間北斗星82号」だ。

函館の出張先でおいしい料理とお酒をごちそうになり、軽く酩酊したまま列車に乗り込んだ。この列車には「ロイヤル」など「北斗星」お馴染みのラインナップに加え、4人用B寝台個室「カルテット」が連結されており、ひょっとすると「北斗星」の歴史のなかでもっとも豪華な編成だったかもしれない。残念ながら空室が目立つように見受けられたが、私とってこの列車が記憶に残ったのは、想像だにしなかった絶景中の絶景と出会えたからなのである。

七尾線に乗り入れた「夢空間わくら」。西日本方面への乗り入れを捉えた貴重なひとコマだ。（和倉温泉駅）

1994 02/13

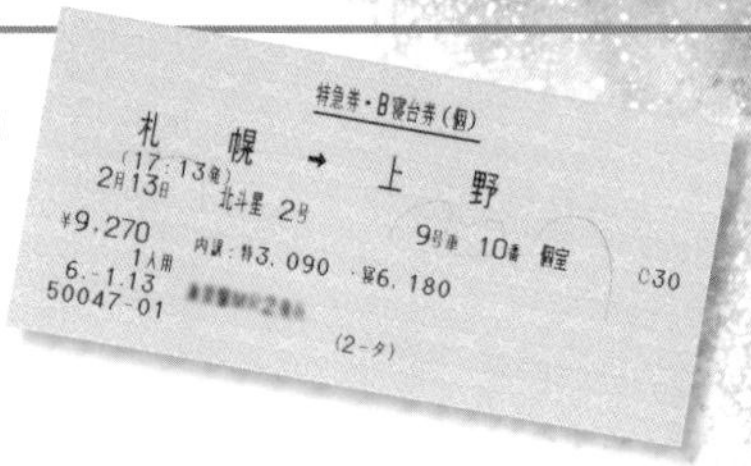

この時代、到着時刻は印字されていなかった

特急券・B寝台券（個）
札　幌　→　上　野
(17:13発)
2月13日　北斗星 2号　9号車 10番 個室
¥9,270　1人用　内訳：特3,090・寝6,180
6.-1.13
50047-01
(2-タ)
C30

大幅遅延に遭遇した「北斗星2号」

勤め人時代、日曜日発の夜汽車に乗って帰京し、そのまま出社することがよくあった。まさに時間の有効活用というわけだが、この作戦の弱点は帰りの夜汽車が遅れたりすると仕事に差し支えが生じることである。あるとき、友人と3人で出かけた北海道。その帰路の「北斗星2号」は折からの豪雪の影響でおよそ2時間30分の遅延が発生し、それぞれが予定外の出勤を強いられるハメに。しかしいま思えばそれもまた楽しい夜汽車の思い出だったのではないかという気もしてくる。

寝台列車に遅れはつきもの？

「僕が寝台列車に乗ると、よく遅れるんですよ」

本書の打ち合わせのさなか、編集担当の北村さんが苦笑いを浮かべた。訊くと、あれこれ危うい目に遭っている。それを面白がるわけではないし、遅延やトラブルなどないにこしたことはないのだが、私自身が国内外を問わずわりと平穏な旅になってばかりなのが気になる。なん

「北斗星」の１人用B寝台個室「ソロ」の上段室。手前側の階段を降りたところが扉で、下段室よりも密室感が強かった。一部、構造の異なるタイプも運用されていた。

らかの騒動でも起きるほうがその報告も面白くなるに違いないとは思うのだがなどと思いつつ夜汽車遍歴をたぐってみると、何度か大幅な遅延に遭遇してきたようだ。

これまでの最大の遅れは２００６年1月26日に乗車した「北斗星1号」で体験した3時間30分超で、ほかに、別府〜東京間で乗車した「富士」が2時間40分遅れるなど2時間超の遅延を何度か経験していることがわかった。

１９９４年2月には「北斗星2号」でおよそ2時間30分の遅延に遭遇した。

このときは友人を誘って3人旅であった。それぞれ会社勤めだったので、週末の勤務が終わった金曜日の寝台特急「あけぼの」でスタート。少し贅沢をして1人用A寝台個室「シングルデラックス」を奮発した。「あけぼの」の同個室は上段の補助ベッドを使えば１

◆寝台列車の大幅遅延

通常の特急などと同様に、２時間以上の遅れが生じると特急料金の払い戻しがある。怖いのは途中での運転打ち切りだったが、私の体験では下り「出雲」が遅れの影響で倉吉で打ち切りになったほか、上り「サンライズ出雲」が平塚で打ち切りになったことなどがある。双方とも後続の特急への振り替えになったが、後者は「出雲」への振り替えとなり、ブルートレインのデッキで品川まで過ごすという不思議な体験をさせてもらったものだ。

室２人利用ができるうえ、組み合わせによっては隣室との間の扉を車掌に開けてもらうことも可能なので、２間続きの個室になるのを体験してみようと思ったのである。

汽車旅は順調に進み、函館の湯の川温泉と札幌市街でそれぞれ１泊。「さっぽろ雪まつり」は札幌入りする前日に閉幕していたが、その「まつりのあと」の様子などを素見しつつ雪景色のなかを歩き回った。

五月雨式に友と別れ……

という平穏な数日間だったのだが、事件は帰京前の札幌駅で起きた。

「それじゃあ、まだいつ発車できるかもわからないんですか!?」

普段は温厚な友人が改札口横の窓口に強い口調で訴えている。

訊くと、札幌を含む道南地方が大雪に見舞われており、ＪＲ各線で運休や遅延が続出しているらしい。私はというと、「まっ、なんとかなるだろ」とむしろ事態を面白がっているのだが、よくよく考えれば、明日は通常どおりの出社が待っている。私は例によって得意先直行作戦を取ったし、もうひとりの友人は出勤時間がわりと自由なのだが、そうはいかない人だっているわけだ。ただ、運休という最悪の事態にはならないようであった。

出発前の札幌駅でどれだけ待たされたのかは覚えていないのだが、「北斗星２号」はどうにか札幌駅を発車。3人はそれぞれ1人用B寝台個室「ソロ」に収まった。窓の外を見ると、すでに夜の帳がおりきった札幌の街に激しく雪が降り注いでいる。車内はポカポカと暖かいし、快適このうえないのだが、さらに遅延する可能性があるという車内放送が不穏といえばいえる。

そんな道中だが、食堂車はけなげに営業を開始。今回は久々にディナー予約がしてあり、変化をつけるべくフランス料理コースと和食膳をオーダーしてあった。3人のうちひとりは「北斗星」がはじめてで、ひょっとすると食堂車もまた初体験だったかもしれない。食事のあとはロビー室などで談笑しつつ、3人それぞれがシャワーで1日を締めくくった。

「ただいま、列車は2時間15分ほど遅れて運転しております」

翌朝は、非常事態を告げる車内放送ではじまった。それとほぼ同時に部屋の扉がノックされ、すでに身支度を整えたらしい友人のひとりが仙台で新幹線に乗り換えることを告げた。定刻であれば仙台到着は4時49分。この遅れだとたぶん7時過ぎの到着だろうから、急ぎ足で東北新幹線に乗継げば本来の上野到着（9時20分）とそう変わらない時間に上野に着けるハズ。友人もそう考えたようだった。

「あんたはどうする？」

友人は、遅れが予想以上なので私にも影響があるだろうと慮ってくれるが、私はもう少し様子を見てみることにした。

友人は仙台駅ホームに降りると新幹線ホームへと向かっていった。もうひとりの友人は「もうちょっとゆっくりしてゆく」と余裕をみせているので、すでに営業をはじめている食堂車でともに朝食。しかし、東北地方南部に入り少しは回復するだろうとタカをくっていたのに、遅れがやや増しているようであった。福島、郡山と停車してゆく駅ホームに、通学生らの集団も見える。ようはそういう時間なのである。

「ちょっとマズいな……」

ここに至ってやっとこさ危機感を抱いた私は、手持ちの「道内時刻表」を開いて新幹線との乗継ぎをチェック。いまさらという感じではあったが、宇都宮で乗継ぐことにした。

「せっかくだから、上野まで乗ってゆくよ」

という友人を残し、私は無念を噛み締めつつ宇都宮で「北斗星2号」を後にしたのであった。

1994年2月時刻表

列車名		2号
入線時刻		1707
発車番線		⑤
札幌	発	1713
南千歳	〃	1748
苫小牧	〃	1809
登別	〃	1841
東室蘭	〃	1857
伊達紋別	〃	1917
洞爺	〃	1930
長万部	〃	2001
八雲	〃	2025
森	〃	2053
函館	着	2140
	発	2146
青森	着	004
	発	012
八戸	発	レ
盛岡	着	レ
	発	レ
花巻	発	レ
水沢	〃	レ
一ノ関	〃	レ
仙台	着	449
	発	451
福島	着	550
	発	552
郡山	着	633
宇都宮	〃	756
大宮	〃	854
上野	着	920
到着番線		⑭

第3章

もはや人生の一部と化した「北斗星」

1999～2008

ことあるごとに「北斗星」。
気がつけばそんな習慣になっていたようだ。
このころ、私は会社勤めを辞し、
フリーランス記者の道へと乗り出していたが、
そんな私にとって公私を問わない相棒が「北斗星」だったのである。

異なる寝台特急で往復できた時代…

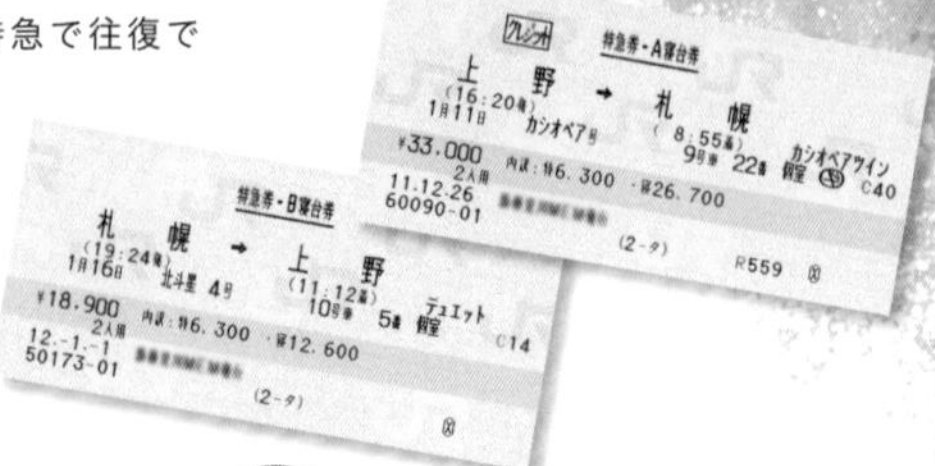

「北斗星」と「カシオペア」を乗継いだ冬旅

ニューフェイスが登場すると、「乗ってみたい!」と思うのが鉄道好きというもの。「カシオペア」の登場もその例外ではなかったが、全車が2人用個室だというのが斬新なのと同時にプランニングのネックともなったものだ。そんなさなか古くからの友人が興味を示したので、「カシオペア」試乗に打ってでることとなった。そこに待っていたのは、これまでのセンスを超えた斬新な寝台車空間であった……。

転換の時代を迎えた「北斗星」ファミリー

1999年7月16日、上野〜札幌間に寝台特急「カシオペア」が登場。定期3往復が運行されてきた「北斗星」のうちの1往復を置換えた形ではあったが、1編成のみのため週3往復という変則的なダイヤが組まれてのデビューとなった。

「カシオペア」は全寝台が2人用A寝台個室という異例な編成で、各グレードの寝台を備えている「北斗星」とは明らかに異なる発想に基づく列車であった。専用編成となったE26系車両は完全な新車として落成。寝台個室の大半が2階構造となり、「カシオペアスイート」と命名されたハイグレード寝台個室7室のうち6室は個室内を2階構造としたメゾネットが史上はじめて採用されている。また、食堂車を完全な2階建てとしたほか、編成端の電源車の上部をラウンジとするなど斬新なアイデアが盛り込まれていた。

しかし、正直な感想を述べるならば、私自身はこの列車にさほどの興味を抱かなかった。ひとつには、列車の発想がお仕着せに感じられたことが挙げられる。すべてが2人用個室ということは、それだけで利用の範疇が限定されかねないし、A寝台のみというのも利用者側からの選択の余地を狭めているように思えたのだ。細かくみれば、寝台個室は7タイプが用意され、一部は3人利用にも対応していたりもするのだが、ソフト、ハードともに多様性に乏しい印象を受けたことは否めない。また、編成がその内部を含み見事に統一されていることが、逆に発展性への期待感を抱かせないという気持ちもあった。ひとりの寝台列車ファンの身勝手な感想といえばそれまでだが、言い換えればそう思わせるほどに新しいタイプの寝台列車だったともいえるのであろう。

しかしそうは言いつつも、一度は乗ってみたい。

その機会は「カシオペア」デビューのおよそ半年後に巡ってきた。

例によって冬の北海道に繰り出そうと計画を練っていたところ、学生時代からの友人が「オ

「カシオペア」は「北斗星」と同様に函館〜札幌間を北斗星カラーのDD51形が重連で牽引していた。こうして見ると、編成の統一感が際立つが、まさに新車の専用編成だったのである。

レも行こうかな」と言い出したのである。「列車に乗って冬の北海道というのも面白そうだし」

そう言われてみると、彼とは寝台列車を利用したことがなかった。彼自身は公私を問わず海外へ行くことが少なくなく、鉄道ファンではないものの、以前からヨーロッパや中国で鉄道の旅をした話をしていたものだ。ところが「北斗星」はもちろん、国内の寝台列車に乗ったことがないというではないか。そう知ると、寝台列車の旅にどのような反応をするのかが気になってくる。すでに「北斗星」の「ソロ」を購入してあったが、「それならば」と「カシオペア」に乗ることを画策。さっそく地元の駅を訪れてみると、スタンダードタイプの「カシオペアツイン」の寝台券がいとも簡単に入手できたのであった。いくつかの空室があったので、そのなかから2階室を選んだ。暮れの押し迫った99年12月26日のことである。

99年は私にとっても転換の年で、その年の4月に勤めていた会社を退社し、フリーランスの記者を目指すべく行動をスタートしていた。それは、これまでのように会社の休暇や週末に頼ることなく自分で時間をつくることができるようになったということでもあった。この年は、久々に年越しを自宅で迎えることにし、1月中旬に北海道行きの計画を立てていたところに「カシオペア」に乗ることとなったわけで、プラチナチケットであるハズの「カシオペア」への変更が容易だったのは、最混雑期を避けた日程が味方をしてくれたからかもしれない。

日本の寝台列車が初体験だった友人とともに

「なんだか鉄道車両ばなれしているな」

上野駅で「カシオペア」に乗り込みながら、友人がそうつぶやいた。私自身はまず最初に乗降口デッキが明るく余裕が感じられるなと思ったが、友人にとっては乗車のための居住空間がまったく見えないところに違和感を抱いたのかもしれない。全寝台が個室なので当然といえば当然なのだが、側窓が並ぶ細い廊下の片側が一見すると一面の壁のように見えるのは不思議な光景ではある。そのカラクリがわかった友人は通りすがりに部屋の扉を開けてなかを眺めている。

下階室に至る穴蔵に続くような階段と上階室への短い階段が2カ所ずつ。それぞれの階段は隣り合う2室での共有となっているが、双方の扉が平行ではなく「く」の字のように向き合っているあたりに設計の苦労が見てとれるようだ。その階段のひとつを登って今夜の居室に入る。すんなりと寝台券が入手できたことからも想像できるように、私たち以外にこの車両に乗り込んだ人はまだいなかった。

すでに鉄道雑誌などで個室内をはじめ車内のあちらこちらの写真を見てきたが、やはり現物の印象は別モノだ。天井付近に至る曲面ガラスの大型窓に沿って向かい合わせに設えられた座席。こちらは簡単な組み替えで線路方向を向くベッドになる。奥側の座席は枕木方向の長椅子の一部に見えるが、ようは固定されたベッドに背もたれと肘掛けを乗せただけだ。そして、寝台を仕切るカーテンが省略されている。第1章でも記したとおり、寝台車の個室内における寝台ごとのカーテンは日本の鉄道ならではの設備。それをあえてなくしたところも「カシオペア」の新しい一面なのかもしれない。通路側の壁面はトイレ・洗面台の個室とクローゼット、ビデオモニタなどのスペースになっている。

友人は、

「面白いじゃないか」

と言いながらうれしそうな表情であちらこちらに手を伸ばしているが、

「でも、手狭な感じもするね」

と冷静な視線も送っている。

部屋の線路方向は長さ2700㎜、枕木方向が2000㎜で、天井の高さは上下階ともに1800㎜以上確保されているというが、私もまた手狭な印象を抱いていた。天井の半分が屋根に沿って曲線になっているせいかと思ったが、それだけではなかったようだ。あとでベッド状態にしたところ、床空間の余裕がほどんとなくなってしまったのだ。2人ともたいした荷物はなかったものの、手荷物の置き場に悩まされる人もいるのではないだろうか。また、居室内のトイレはありがたいが、洗面台のみとしてそのぶんスペースに遊びを取ってほしいと感じたが、限られた空間に考えうるだけの設備を取り込んだ設計は興味深く、部屋のなかを探検しつつ、これをひとつのモデルケースとして次世代の寝台車への期待を抱いたのも事実である。

友との語り合いが早い夜明けを呼ぶ？

列車が荒川を渡るころ、扉がノックされウエルカムドリンクのサービスがあった。「北斗星」の「ロイヤル」でもお馴染みのイベントだが、乗車している「カシオペアツイン」ではコーヒーやお茶などからのチョイスで、アルコール類のサービスはない。同時に翌朝用のコーヒーチケットが手渡され、12号車ラウンジカーでサービスされる旨も案内された。旅客機のフライト

✦ カシオペアのロゴ入り

車内販売のグッズや食堂車の食器類などはもちろん、パジャマやタオル、バスマットなど各寝台個室に供えられている車内備品にもカシオペアのロゴが用いられていた。いずれも上質な素材とデザインでまさに列車ホテルを感じさせた。

を考えれば珍しいサービスでもないが、この原稿を書きながら「そういえばカップが**カシオペアのロゴ入り**だったハズだが……」とふと思い出した。捨てたとも思えないし、いったいどこで眠っているのだろう。

ともあれ、「カシオペア」での出発に乾杯し、買い込んでおいたつまみをテーブルに広げる。食堂車の予約はしていないので、駅弁も入手しておいた。もちろん、パブタイムには食堂車を訪れる予定なのだが、計3回のディナータイムが設けられている「カシオペア」でパブタイムがスタートするのは21時30分以降。仙台を過ぎ松島あたりを走っているころまで待たねばならないのであった。

列車は順調に走り、宇都宮、郡山と定刻で停車してゆく。ビデオモニタをいじってみると、GPSの追跡データが地図上に映されていた。

「カーナビが見られるとは面白いね」

と画面をそのままにしてあるが、精度はいまひとつらしく、画面のなかの「カシオペア」は線路とやや離れたところを北上している。

友人もすっかり寛ぎつつ「カシオペア」の道中を楽しんでいるようだ。あまり個人的な話をしても仕方がないが、彼との会合では明け方まであれこれ話し込むのが常。気がついたら間もなく札幌という事態は避けなければならないが、パブタイムで軽く仕上げの一杯を交わしたあとも相変わらずの状態で、ふと気づくと浅虫温泉あたりを走っているようであった。時計を見ると1時30分を過ぎている。こりゃいかんと思うが、友人は青函トンネルまで見届けるつもりのようだ。

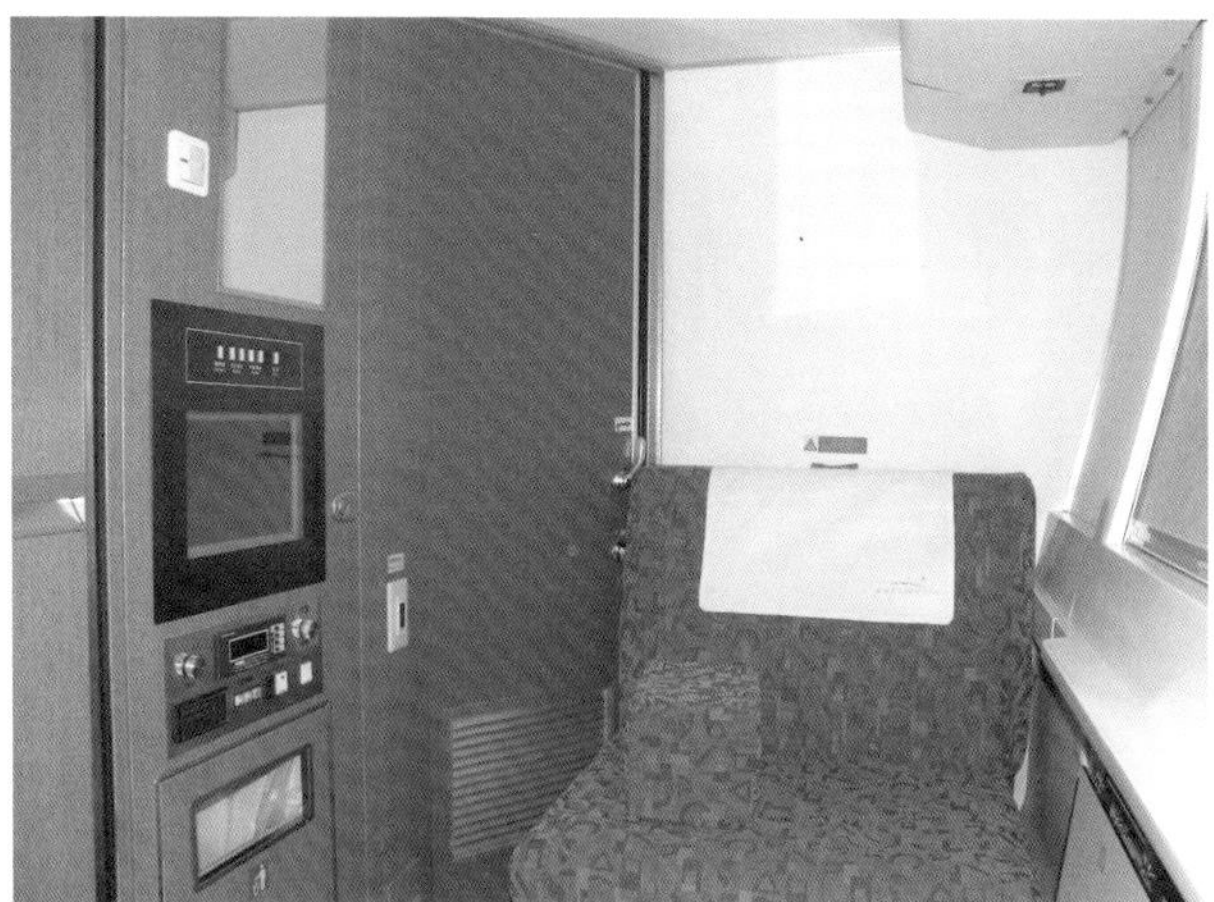

「カシオペアツイン」室内（下階）。座席はベッドへの転換が可能で、就寝時には２台のベッドがL型配置となる（一部は３人利用も可能）。写真左側に洗面所などが設けられている。

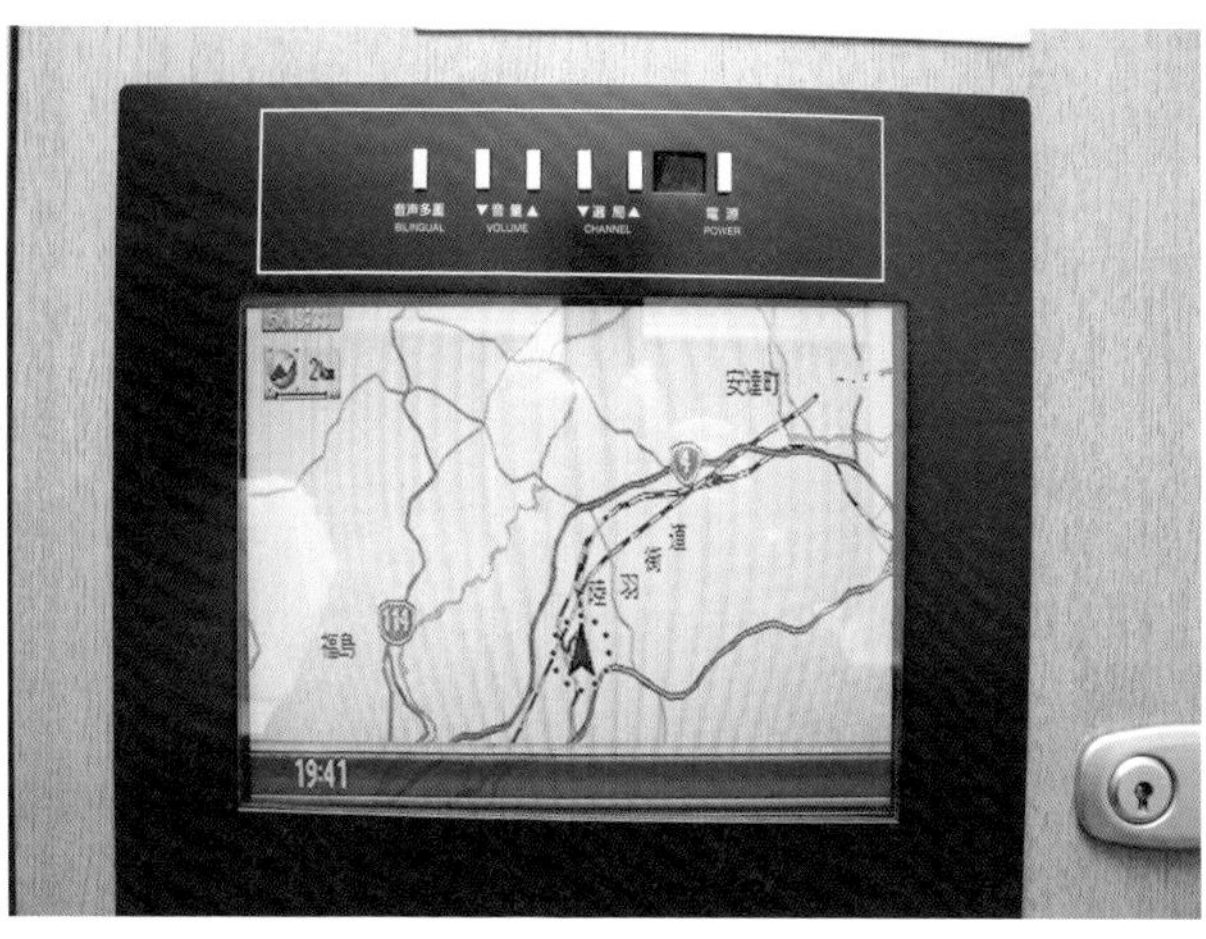

映画などの放映のほかGPSによる「カーナビ」画面も楽しめた。本文に記したとおり精度はいまひとつだったが、列車に乗りながら地図上の旅も楽しめるのが面白かった。

食堂車は１階を厨房と通路に、２階をテーブル席とした。食堂車利用者以外の立ち入りがないため、より落ち着いた雰囲気で過ごすことができた。もちろん食事中の展望も素晴らしい！

＊

どうにか寝ることに成功し、目覚めると車窓に内浦湾が広がっていた。友人はいつ寝たのかわからないが、すでに目覚めて車窓を眺めている。時刻は6時をいくらか回ったところで、すでに長万部を後にしているらしい。ほどなく食堂車から朝食の案内放送が流れる。もう朝がはじまったのだ。

7時11分に東室蘭発車を見送ってから食堂車を訪れてみると、幸いにして席を確保することができた。この日は札幌到着後すぐに苫小牧まで折り返し、日高本線に乗り換えて襟裳岬を目指す予定だ。途中でマトモな食事にありつけない可能性もあるので、食堂車できちんとした朝食がとれるのはありがたい。「カシオペア」はたんたんとした足取りで北

◆ **北海道ちほく高原鉄道**

池田～北見間（140.0㎞）を結んでいた旧・地北線（国鉄→JR北海道）を引き継いだ第三セクター鉄道（ふるさと銀河線）。厳寒の地をゆくローカル線としても知られていたが、2006年4月21日に全線が廃止された。

上を続け、定刻8時55分に札幌駅に到着した。

北海道周遊のあとは「北斗星」デュエットで

「植村がこんなに厳しい旅をしてるとは想像もしてなかったよ……」

一夜を明けた襟裳岬は猛吹雪に見舞われていた。単に天候が荒れているだけの話で、秘境の類で遭難しているわけでもないので友人の感想は意外だったが、宿からバス停に向かう道行きはたしかに厳冬期らしい迫力がある。

このあと、帯広を経由して釧路で1泊。翌日は友人といったん別れて別行動としてみた。友人は釧網本線で網走を訪れたあと北見から**北海道ちほく高原鉄道**を乗継ぎ池田へ、私はノサップ岬を訪れ、夕方の特急「スーパーおおぞら12号」に乗り込んだ。池田から乗った友人と車内で落ち合って帯広で宿泊。その翌日は根室本線の普通列車で滝川まで揺られ、12時34分発の急行「宗谷」で稚内（わっかない）を目指している。じつはこのとき稚内に行ったことはすっかり忘れていて、この原稿を書くにあたって開いたきっぷホルダーのなかに「宗谷」の指定席急行券を見たときはなにかの間違いなんじゃないかと思ってしまった。稚内には私の大好物であるタコしゃぶがあるので、たぶん「旨いぞ～」と友人を誘ったのに違いないが、件の友人に訊いてみると、稚内で一夜を明けて宗谷岬などを訪れ、路線バスを音威子府（おといねっぷ）まで乗ったらしい。たしかに、ホルダーには急行「サロベツ」の音威子府〜札幌間の指定席急行券が収まっている。いま思うと、ずいぶんと乗りテツ三昧の行程にしてしまったものである。

ともあれ、急行「サロベツ」の札幌到着が18時47分、そのまま19時24分発の「北斗星4号」に乗り込んだのであった。

「北斗星4号」に乗車するにあたり確保しておいたのは2人用B寝台個室「デュエット」の下段室。幅70㎝のベッドが向かい合わせに並んでいるだけのそっけない室内だが、発車してしばらくすると友人がこう言ったものだ。

「別にこれで十分じゃん」

「カシオペア」で一夜を過ごした至れり尽せりの寝台個室と比べての感想らしい。満を辞して登場した「カシオペアツイン」の立場がないなぁと気の毒になってくるが、友人としては正直な気持ちだったろうし、私としても納得するところがある。

こうして「カシオペア」と「北斗星」の乗り比べを堪能しつつ、乗りテツ旅のエピローグとなった。遍歴記録には47分の遅延とあり、寝台特急券は上野までなのにも拘わらず、どういう次第か大宮で下車したことになっている。どうにもその経緯が思い出せないので、ダメモトで友人に訊くと、「北斗星」が大宮で1時間ほど停車するとの案内放送を受け、そのまま下車して某有名シェフの名を冠した中国料理店で早めの昼食としたらしい。

2000年1月時刻表

列車名		カシオペア
入線時刻 発車番線		1605 ⑬
上野	発	1620
大宮	〃	1644
宇都宮	〃	1748
郡山	〃	1913
福島	着	1950
	発	1952
仙台	着	2056
	発	2058
一ノ関	着	2207
水沢	〃	レ
花巻	〃	レ
盛岡	着	2315
	発	2317
八戸	着	レ
青森	着	レ
	発	レ
函館	着	416
	発	429
森	着	515
八雲	〃	542
長万部	〃	607
洞爺	〃	638
伊達紋別	〃	650
東室蘭	〃	709
登別	〃	726
苫小牧	〃	755
南千歳	〃	815
札幌	着	855
到着番線		⑤

列車名		北斗星4号
入線時刻 発車番線		1916 ⑤
札幌	発	1924
千歳空港	〃	1957
苫小牧	〃	2018
登別	〃	2047
東室蘭	〃	2103
伊達紋別	〃	2122
洞爺	〃	2134
長万部	〃	2205
八雲	〃	レ
森	〃	レ
函館	着	2338
	発	2344
青森	着	レ
	発	レ
八戸	発	レ
盛岡	着	432
	発	434
花巻	発	レ
水沢	〃	レ
一ノ関	〃	541
仙台	着	647
	発	649
福島	着	749
	発	751
郡山	着	827
宇都宮	〃	952
大宮	〃	1049
上野	着	1112
到着番線		⑭

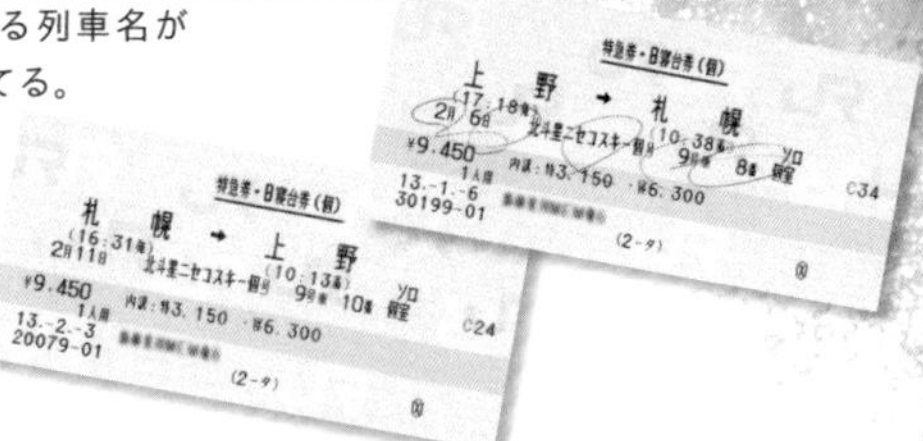

いつもと異なる列車名が旅情をかきたてる。

「北斗星」個室で楽しむ「山線」経由の旅

大好きな「北斗星」も、乗り慣れてくるといつもの汽車のようになって新鮮な感動との距離が置かれてきた感があった。そんななか強烈な印象を得たのが「北斗星ニセコスキー号」である。函館本線の通称「山線」を経由。その寝台個室から眺めた日本海の車窓は、いまだ忘れえぬ思い出となっている。北海道新幹線延伸と引き換えにその存続が危ぶまれている「山線」だが、こんな時代もあったのだと改めて思うのである。

なにしろ「北斗星」が旅の主菜なもので

「そこですまないんだけど、帰りに青森の三沢にある温泉に立ち寄って取材してきてくれないかね」

旭川駅近くのホテルの部屋で寝ていると、師匠でもある野口冬人氏の電話で起こされた。時計を見るとまだ7時にもなっていない。

野口氏は温泉や登山などをテーマにした多数の著作を持つ文筆家で、私がライター業に転進するにあたってさまざまな指導をしてくれた恩人のひとりである。都内の事務所に出社するのがとんでもない早朝だということは知っていたが、こちらはほとんど寝ぼけた状態である。

訊くと、その三沢にある温泉へ取材に出る必要ができたところ近々の予定が詰まっており、そこで私が北海道で汽車旅をしているのを思い出したらしい。ようはその帰途に寄ってくればいいということなのだが、いくら師匠からの話とはいえ、素直に「はい」といえる状況ではなかった。なにしろ、帰途の「北斗星」も、このときの重要な役者だったからである。そこで、

「それが、あちらこちら回っているうちに手元が不如意になってしまってしまっておりまして……」

などと逃げ口上に打って出てみると、

「しょうがねぇなぁ。いい機会だと思って声をかけてみたんだが」

話はあっさりと片づいてしまった。あとでコトの真相を話すと、「なんだ、それじゃ仕方がないよな」と笑ってくれたものだったが。

＊

第2章で「夢空間」の話をしたとおり、「北斗星」にはときおりバリエーション列車が設定されてきた。基本的には上野〜札幌間での運行だが、「夢空間」連結のさいに都心側で横浜発着となったほか、新宿〜新得間（北斗星トマムサホロ）などの実績もある。

私がこのとき乗ったのもそんな「北斗星」のひとつで、運行区間は上野〜札幌となんら変哲

もないのだが、函館～札幌の全区間を函館本線経由としていたところが大きなポイントだった。すなわち長万部～小樽間で鉄道ファンなどの間で「山線」と呼ばれるルートを取り、途中で倶知安や小樽に停車してゆくという特別な「北斗星」だったのである。師匠からの電話があったのは、まさにその山線経由「北斗星」である「北斗星ニセコスキー号」に乗る日だったというわけだ。

と記すとちょっとした一大事のようだが、じつは野口氏からの電話があったときには、すでに「北斗星ニセコスキー号」は体験済みであった。なんのことはなく、このときの汽車旅では往復ともに「北斗星ニセコスキー号」の1人用B寝台個室「ソロ」を予約してあったのである。むしろ、この列車に乗るのを主目的として行程を組んだことを容易にご想像いただけるのではないかと思うが。

「山線」経由、「北斗星」寝台個室の道中

2001年2月某日。前日の17時18分に上野を発った「北斗星ニセコスキー号」は定刻どおりに長万部を過ぎて函館本線を北上しているようだった。1人用B寝台個室「ソロ」上段室のベッドに横になっていると「山線」らしい長い登り勾配と絶え間ない曲線通過が感じられる。ブラインドを開けると、すでに外が明るく、線路際まで降り固まった積雪が視界に飛び込んで

函館本線「山線」をゆく「カシオペア」。写真は有珠山噴火（2000年3月）を受けた迂回運転時のもので、背景に後方羊蹄山の裾野が見える（小沢～倶知安間）。

きた。いつもとまったく異なる「北斗星」の車窓である。

函館本線の長万部～小樽間、通称「山線」は不遇な鉄道路線かもしれない。函館本線そのものは函館と小樽、札幌を経由し旭川に至る大幹線ではあるが、この「山線」に相当する区間は1986年10月を最後に優等列車の定期運転ルートから外れローカル輸送に徹してきた。手元にある『交通公社の時刻表1965年4月号』の函館本線のページを開くと、現在とは異なり函館～倶知安間がひとつの表に収められ、函館～網走間などの長距離普通列車とともに何本かの優等列車が「山線」を経由しているが、この時代でさえ優等列車のメインルートを室蘭本線と千歳線に譲っているのである。山岳区間を通る「山線」と異なり、室蘭本線ルートが比較的平坦であることと、沿線で港湾や工業地帯などの開発が進められたことなどが影響しているのであろう。室蘭本線の複線化やそれを含むルートの改良が1943年にはじめられたのに対し、「山線」は延々と単線区間が続く。「北斗星ニセコスキー号」が辿っているのはそういう鉄路なのである。

「山線」区間の塩谷駅を通過する「北斗星」(有珠山噴火の迂回運転時)。見方を変えれば、「山線」が災害時の保険となり、列車運行を陰から支えていたともいえるのではないだろうか。

そんな細道ではあるけれど、列車は着実な足取りで勾配を登り続けている。目名、蘭越など、かつて普通列車に乗って訪れてみた駅が「ソロ」の車窓を過っていった。ときおり半ば雪原と化した尻別川が姿を見せるなかを進み、小さな街が現われたと思ったらニセコ駅を通過していた。列車名に名を冠した駅を通過するのはつれない感じもする。

列車の右側には後方羊蹄山（しりべしやま）がそびえているはずだが、あいにく「ソロ」の窓はその反対側を向いている。8時29分にその北麓に位置する倶知安に到着。ここでさらに浅い峠を越えると、余市の先で日本海が車窓に現われた。「北斗星」の車窓に日本海。奇跡といっていいロケーションではないか。

余市の街並が途切れ海岸ぞいから離れると、蛇行しながら小さな丘陵を越え9時43分に小樽に着いた。ここで20分の停車があるので、ホームに降りてみる。小樽駅と「北斗星」のコラボレーションである。

小樽を発車すると、道中最後のハイライトである石狩湾を間近に望む道行きとなった。朝里、張碓（はりうす）、銭函と続く北国の海岸と石狩湾の展望が「ソロ」の車窓だ。やがて札幌の街に車窓が取って変わると、静かな足取りのまま終点の札幌に到着した。10時38分。17時間20分の特別なひとときが幕を下ろした。

◆特急「スーパーホワイトアロー」

特急「カムイ」の前身で、1986年3月に「ホワイトアロー」として千歳空港（現・南千歳）～札幌～旭川間で運行開始。90年9月に785系電車化され「スーパーホワイトアロー」となったのち、2007年10月に「スーパーカムイ」に改称。

この汽車旅のもうひとつの目的はオホーツクの流氷であった。

勤め人時代は、流氷時期に合わせて北海道を訪れるなどムリな話だったが（女満別まで空路を使えばできなくもなかったと思うが）、それがようやく可能になったわけだ。

札幌に着いた私は、**特急「スーパーホワイトアロー」**に乗り換え旭川に直行し、駅前から都市間バスで紋別に向かった。紋別の夜は氷点下15度を下回っていたはずで、市街地を歩いているうちはよかったのだが、紋別港に浮かぶ氷辺に気を取られ佇んでいるうちに、寒さで手足が思いきりシビレるほどになってきた。この程度の気温であれば以前に網走などでも体験していたが、どうも体感としての寒さの格が違うようだ。できれば外海も眺めたかったが、ホテルのフロントに教えてもらった寿司屋に飛び込んでしまった。

翌日はバスで南下して網走へ。さらに釧網本線に乗り換えてほどなく、待望の流氷と邂逅することができた。

網走で1泊した翌日は、再度流氷を見物しつつ、宿で知り合った旅人とふたりで網走湖へワカサギの穴釣りに繰り出した。凍てついた湖面に小さな穴を空けて釣り糸をたらすアレである。ワカサギは美味しい魚だし、いくらか寒いのを我慢すれば楽しい遊びなのだが、前日に紋別で味わった寒波がさらにパワーアップしてオホーツク沿岸を覆っているところに気を配るべきであった。

粉雪が舞い続けるなか、空けてもらった穴がちょっと油断すると再び凍りはじめる。釣り糸そのものや竿のガイド（糸通し）もみるみる凍ってしまう。もちろん釣り上げたワカサギも。そんなところに、防寒しているとはいえ野ざらしで氷のうえにしゃがんでいるのだから、そりゃぁ寒いに決まっている。

しかしこれがまだ序の口であることには想像が及ばなかった。

その日の夕方、網走から旭川まで乗る予定の特急「オホーツク8号」が、のっけから立ち往生してしまったのである。駅や車内の案内放送によると、どうやら運休まではしないようだが、発車後はさらに遅れが増える見

オホーツクの流氷が接岸し線路際まで迫る。冬の釧網本線のハイライトであり、北海道東海岸の風物詩でもある。

網走湖の冬の名物・ワカサギの穴釣り。釣りあげたワカサギは素焼きなどにして味わうと香ばしい風味が楽しめる。

込みだという。

ふと気がつけば、いまや完全な吹雪である。

それでもどうにか発車した「オホーツク8号」だったが、少しずつ遅れが増すなか、丸瀬布で再び立ち往生してしまった。下り列車の待ち合わせということなので、石北峠越えが待つこの先の線路は通じているらしい。

結局、どうにか走り出した「オホーツク8号」は、本来は通過駅である白滝で先行していた上川ゆき普通列車の乗客を救済。その後のトラブルはなかったものの、旭川には3時間以上遅れて午前0時を回っての到着となった。

どうにか無事にホテルにチェックインしたところで、

「東京の野口さまよりご伝言をいただいております」

と、フロントマンからメモを手渡された。どうやら「オホーツク8号」は携帯電話の電波が無縁なところを走っていたらしいが、それから6時間もしないうちに叩き起こされることになったわけだ。

翌日の天候は持ち直したように見えたが、寒波そのものは立ち去ってなかったらしく午後からは再び雪に。上野ゆき「北斗星ニセコスキー号」は雪が降りつのる「山線」で徐々に遅れ、終点・上野には2時間7分の遅着となった。乗車時間19時間39分。上野到着は正午を過ぎた12時20分。さすがに「お腹いっぱい」になった。

2000年2月時刻表

列車名		北斗星ニセコスキー号（下り）
上野	発	1718
大宮	〃	1744
宇都宮	〃	1843
郡山	〃	2005
福島	〃	2041
仙台	着	2141
	発	2143
一ノ関	着	レ
水沢	〃	レ
花巻	〃	レ
盛岡	着	レ
	発	レ
八戸	着	レ
青森	着	||
	発	||
函館	着	452
	発	458
森	着	545
八雲	発	611
長万部	着	636
洞爺	〃	||
伊達紋別	〃	||
東室蘭	〃	||
苫小牧	〃	||
登別	〃	||
南千歳	〃	||
倶知安	〃	829
小樽	〃	943
札幌	着	1038

列車名		北斗星ニセコスキー号（上り）
札幌	発	1631
小樽	〃	1737
倶知安	〃	1922
南千歳	〃	||
登別	〃	||
苫小牧	〃	||
東室蘭	〃	||
伊達紋別	〃	||
洞爺	〃	||
長万部	〃	2056
八雲	〃	2121
森	〃	2146
函館	着	2233
	発	2239
青森	着	||
	発	||
八戸	発	レ
盛岡	着	レ
	発	レ
花巻	発	レ
水沢	〃	レ
一ノ関	〃	レ
仙台	着	543
	発	545
福島	着	645
郡山	〃	727
宇都宮	〃	854
大宮	〃	950
上野	着	1013

千歳線を南下する「カシオペア」。
統一された編成美が目を引く。

第4章

「北斗星」との別れ 2009〜2015 &「北斗星」列車ガイド

本章では「北斗星」の誕生から
その終焉までの足取りを振り返ってみたい。
私自身の最後の「北斗星」から廃止まで
およそ6年間のブランクがあったが、
ひょっとすると永遠に走り続けると思い込んでいたのかもしれない。

予定していなかった最後の「北斗星」乗車

当初3往復でスタートした「北斗星」は2008年以降に1往復に減便された。そのころには、各地で活躍してきた寝台列車の削減が進むなか、定期列車ではわずか6往復という惨状であり、その終焉すら感じさせる時代にさしかかっていたのである。そして、その廃止までおよそ6年を残していた09年6月の乗車が、私にとって最後の「北斗星」となってしまった。

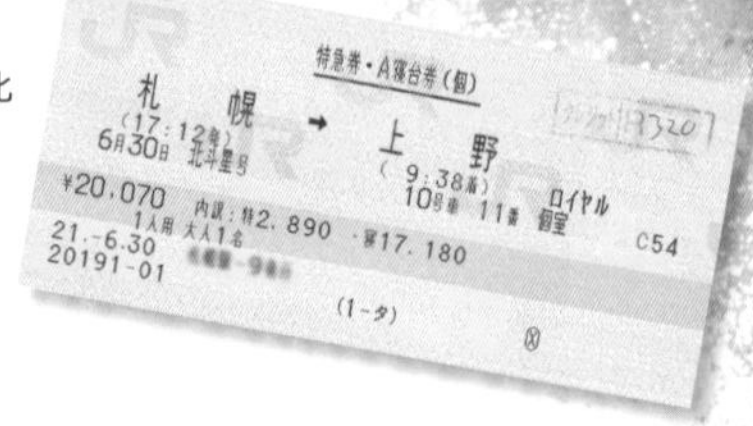

最後の乗車となった「北斗星」ロイヤル。

迫る終焉を感じさせられた時代…

私が都内の某私立大を卒業し、まがりなりにも社会人として仕事に就いたのが1989年4月であった。そして、第1章で触れたとおりその年の12月に「北斗星」をはじめて体験している。そのまま「北斗星フリーク」と化した私は、ことあるごとに「北斗星」の旅を楽しんできたわけだが、本書執筆にあたって、はじめてその乗車回数を数えてみたら55夜を過ごしたことがわかった（第2位は「あけぼの」の51夜）。とりたてて多いとか少ないとかそういう思いはないけれど、こうして思い出を綴ってみると、「北斗星」は社会人になって以来の定宿のひとつであり、汽車旅の相棒だったのだなと思う。

しかし、時代がうつろってゆくなか「北斗星」の命運が否応なしに感じられるようになっていたことも事実である。

次項でも触れるが、3往復（初年度はうち1往復が季節列車）体制でスタートした「北斗星」は、1999年7月にうち1往復を「カシオペア」に譲るように2往復体制化、2008年3月ダイヤ改正以降は1往復となった。北海道新幹線関連工事に伴う減便とされていたが、およそ20年にわたり愛用してきたファンとしては終末の臭いを感じないではいられなかったのである。

最後の乗車は豪華リレーだった

私にとっての最後の「北斗星」は、1往復体制となった翌年、09年6月30日の上り列車となった。廃止が15年8月23日なので、最晩年の数年間がそのままブランクとなったのが自分でも不思議でならない。たぶんそれまでに十分に楽しんできたのだという充足感がひとつ。そしてその運命を悟ったことの寂しさと同時に、やるせなさが「北斗星」への距離を置かせていたのかもしれない。また、その前年から自主的な取材を海外にシフトしており、それが継続的な仕事受注に結びついたため、そちらに集中していたこともあった。

その最後の乗車となったのは、雑誌の特集記事の取材で「トワイライトエクスプレス」に乗車した帰り道である。じつは「トワイライトエクスプレス」もこのときが最後の乗車となったのだが、札幌に到着してカフェで打ち合わせを兼ねた休憩をしているとき、同行の編集担当者がこんなことを訊いてきたのが「北斗星」への呼び水となった。

「帰りは夕方の飛行機にしますが、植村さんはどうします？」

航空便の予約はしておらず、新千歳空港で空いている便に乗るつもりらしいのだが、そう訊かれればこう答えるほかはない。

「可能であれば汽車にしたいのですが……」

汽車とはもちろん「北斗星」のことである。

編集担当者もその答を予測していたのであろう。

「そしたら、植村さんが帰宅するころにラフ（誌面デザイン前のスケッチ）を送れるようにしておきますから、ゆっくりしてきてください」

とありがたいお言葉が返ってきた。

だが、「北斗星」の寝台券はまだ入手していない。発車まであと数時間。寝台券が買えなければ一緒に飛行機で帰ればいいわけだしと、打ち合わせの場を抜けてみどりの窓口に赴くと、その日の上野ゆき「北斗星」の寝台券が1枚だけ残っていた。運よくその1枚を入手することができたのであったが、それがなんと「ロイヤル」だったのである。

こうしてどれだけの回数、「北斗星」を眺め、あるいは乗車してきたのだろう。ホーム上から垣間見る車内は、どこか温かく、快適な旅を約束するかのような安心感があった。

このときの取材経費は編集部持ちとはいえ、それに乗じて無駄遣いをするなどという趣味はまったくない。そこで、寝台料金の超過ぶんは自腹を切ればいいと考えその最後の1枚を購入したわけだが、航空代金とさして変わらない――当時の日本はLCC普及以前の時代である――ということで、思わぬ贅沢をさせていただくことになった。もっとも、「最後の1枚」というのを信じていただけたかどうかはわからないのだが……。

＊

こうして乗り込んだ上野ゆき「北斗星」。そのときはこれが最後の乗車になろうとは思っていなかったし、寝台列車はもちろん夜汽車旅もまだまだ続くはずであった。だが、その時点で東北・北海道方面を行く寝台列車は

✦ サンライズ瀬戸・出雲

1998年7月にデビューした寝台特急で、東京～高松・出雲市間を結ぶ。専用の285系電車は2階建てを主体とし、座席扱いのカーペット車「ノビノビ座席」以外は全車が寝台個室で構成。現在、唯一の定期夜行列車である。

「北斗星」と「カシオペア」、「トワイライトエクスプレス」のほか「あけぼの」（上野～青森）と「日本海」（大阪～青森）、「北陸」（上野～金沢）、「きたぐに」（大阪～新潟）が残るのみ。東京・関西～九州間の寝台列車にいたっては全列車が廃止されており、東京発着の寝台特急は

私自身の最後の「北斗星」は「ロイヤル」で過ごした。このときが最後になろうとは考えてもいなかったが、こうして発車前に撮った写真が貴重な思い出となった。

その日のウェルカムドリンクセット。ひとりで飲み切るのもどうかと思い、このときの「おたるワイン」とスコッチはお土産にして後日に味わった。

いまも現役の**「サンライズ瀬戸・出雲」**が孤塁を守っているという状況であった。全国でわずか8往復……。寝台列車そのものの終焉を感じないではいられない時代になっていたのである。個人的には最後の「北斗星」以降も「北陸」などに乗車する機会をつくってきたが、昔語りばかりになってしまったのが残念でならない。不本意な別れというのは、なにかにつけて辛いものである。

次項では「北斗星」の足跡を追ってみたい。

2009年6月時刻表

列車名		北斗星(上り)
発車番線		⑤
札幌	発	1712
南千歳	〃	1746
苫小牧	〃	1806
登別	〃	1841
東室蘭	〃	1859
伊達紋別	〃	1920
洞爺	〃	1933
長万部	〃	2004
八雲	〃	2028
森	〃	2054
函館	着	2141
	発	2148
青森	着	‖
	発	‖
八戸	発	レ
盛岡	着	レ
	発	レ
花巻	発	レ
水沢	〃	レ
一ノ関	〃	レ
仙台	着	454
	発	456
福島	着	559
	発	601
郡山	着	638
宇都宮	〃	810
大宮	〃	910
上野	着	938
到着番線		⑬

「北斗星」クロニクル

栄光の歴史と数々の思い出を乗せて走り続けてきた「北斗星」。
ここでそのデビューから終焉までの足跡を辿ってみよう。

「北斗星」のデビューは1988年3月13日。青函トンネルの完成を受け開業を迎えた津軽海峡線とともに産声を挙げている。当初は定期2往復および季節列車1往復でスタート。上野～札幌間の走行距離1214・9㎞、運行時間およそ16時間というスケールを誇る長距離列車の誕生だった。

車両は24系と24系25形を充当、定期2往復のうち1・2号をJR北海道が、5・6号をJR東日本が車両を受け持った。北海道向けに耐寒耐雪対策を施したほか、1人用A寝台個室「ロイヤル」を筆頭とするハイグレード寝台車を連結。食堂車「グランシャリオ」で予約制フルコースディナーを提供するなど新機軸のサービスを打ち出し、日本の鉄道を代表するあこがれの列車に登り詰めたのであった。

しかし、「北斗星」誕生を取り巻く環境は揚々としたものではなかったという。本州～北海道間の旅客輸送で空路利用が9割を超えていた時代である。「北斗星」誕生の土台となった青函トンネルからして無用論すら語られる有り様だったのである。折しも当時の国鉄は財政問題などから分割民営化問題の渦中にあった。

1988年のデビューからしばらくの間は、標準色のDD51形重連が牽引、客車色に合わせた青い専用色となったのは同年6月からであった。

しかし、フタを開けてみれば予約もままならない人気列車となった。「北斗星」誕生ダイヤはJR最初の全国改正である。ほぼひと月遅れの4月10日に瀬戸大橋線が開業することによって4島の鉄路がつながったが、こうした明るい材料も「北斗星」にとって追い風になったといえそうだ。

好評に支えられた「北斗星」は翌年3月11日ダイヤ改正では定期3往復体勢が確立。開放型B寝台のみの臨時列車「エルム」が設定された。

そんななかJR東日本が画期的な寝台列車用車両を登場させた。「夢空間」である。89年1月19日から運転されていた「北斗星トマムスキー号」をリニューアルする形で91年1月10日から横浜～トマム間で営業を開始した。

レギュラー編成のグレードアップもはかられ、90年から翌年にかけて1・2号用編成に「ロイヤル」とB寝台個室が拡充されたほか、97年には同編成に簡易個室「Bコンパート」を導入、翌98年3月に完全個室化を果たしている。この時期、とりわけ90年代前半は「北斗星」ファミリー黄金期にあったといっていいだろう。

しかし、一方でかすかな陰りも窺えてきていた。94年12月3日ダイヤ改正において、3・4号が季節列車へと格下げされたのである。折しも〝バブル経済〟崩壊を経て、複雑な思いで新ダイヤに接したファンも少なくなかったのではないだろうか。

こうして徐々に姿を変えてきた「北斗星」ファミリーに大変革が訪れる。99年7月16日、折からその開発がウワサされていた新型寝台列車「カシオペア」が颯爽と登場したのである。「夢空間」車両を除けば、従来のブル

東北本線ではJR東日本独自の流星入り赤塗色のEF81形も登場し牽引にあたっていた。

多客期を中心に運行されていた臨時特急「エルム」。81・82号の設定もあった。

ートレイン車両からの改造によってまかなわれてきた「北斗星」の車両群に対し、「カシオペア」は全車両を新造で落成。新たに「E26系」を名乗ってのデビューだった。食堂車とラウンジカーを除く全車両を2人用A寝台で構成するなど、A・B寝台の連結で多目的用途を持ちうる「北斗星」に対しほぼ観光利用に特化。最上級の個室「カシペアスイート」7室のうち上野方の編成端を展望タイプとし、そのほかの6室をメゾネット式として次世代の寝台列車に恥じない意匠を携えていた。

その結果「北斗星」は1〜4号の2往復体勢に。「カシオペア」は1編成のみの落成に留まったため木曜日運休の隔日運行となり、計画運休も設定されていた。

21世紀を迎えてなお高い人気を誇ってきた「北斗星」だったが、2008年3月15日をもって1往復体勢へと縮小されてしまう。これは、津軽海峡線における北海道新幹線工事が理由として挙げられ、「カシオペア」もダイヤが変更された。「エルム」はこの前年に廃止されており、最盛期に臨時を含む4往復を誇った「北斗星」ファミリーは1・5往復体勢になったわけだ。なお、余剰となった客車の一部はミャンマーなど海外で余生を送っている。

「北斗星」をとりまく状況は、ダイヤ改正ごとに緊迫感を増していった。14年5月28日にJR西日本が「トワイライトエクスプレス」の廃止を発表。車両の老朽化や津軽海峡線で本格化した北海道新幹線工事などいくつかの要因がからみ合っているが、同様の環境にある「北斗星」に対しファンらから懸念の目線を向けられるのは当然のなりゆきだったといえるだろう。

2010年6月から「カシオペア」に投入されたEF510形。順次「北斗星」牽引機ともなった。

「カシオペア」牽引機として専用塗装のEF81形も投入され東北本線で活躍した。

そして、15年3月ダイヤ改正が「北斗星」の命運を告げることとなった。定期列車としての最終便は3月14日発となり、出発・到着ともに多くのファンが現場に駆けつけた。

その後は「カシオペア」と同じく隔日運行（水曜日運休）臨時列車として運行されたものの、わずか5カ月後の8月23日の運行をもってその歴史に幕を閉じた。これは、「ブルートレイン」そのものの終焉を意味する出来事でもあった。

一方、盟友「カシオペア」は、翌16年3月21日の札幌発が一般列車としての最終運行となった。ただし、団体専用列車として余命をつなぎ、同年6月4日の団体列車「カシオペアクルーズ」で運行を復活。2023年6月現在は「カシオペア紀行」のブランド名で同編成を用いたツアー商品が販売・催行されている。

「北斗星」年表

1988年3月13日	運行開始（定期2＋季節1往復）
7月22日	3・4号に個室寝台車と食堂車を連結（運転日限定）
3月11日	3・4号を定期列車化、編成順を一部入れ替え
	臨時「エルム」を新設
1990年7月1日	一部編成を変更
9月1日	1・2号一部車両をB1「ソロ」に変更
11月1日	1・2号一部車両をB2「デュエット」に変更
1993年12月1日	2号の八戸停車（客扱い）を運転停車に変更
12月1日	3・4号を毎日運転の季節列車化
	1・4号の一部停車駅を見直し
1997年3月22日	1・2号に「Bコンパート」連結（6月1日にも追加変更）
10月1日	1・2号一部車両をB2「デュエット」に変更
1998年3月1日	1・2号編成が完全個室化
1999年7月16日	「カシオペア」デビュー。3・4号を臨時81・82号に変更
12月1日	東北本線一部3セク移管に伴う運賃・料金変更
2008年3月15日	定期1往復化
2010年6月25日	「カシオペア」の上野～青森間牽引機がEF510形500番台に変更
7月14日	「北斗星」の上野～青森間牽引機がEF510形500番台に変更
12月4日	東北新幹線が新青森まで延伸開業
2012年3月17日	編成順を変更
2015年3月14日	「北斗星」定期運転廃止、臨時列車として存続
8月23日	「北斗星」臨時列車の運行終了
2016年3月21日	「カシオペア」が運行終了（廃止）

定期「北斗星」廃止を前に各地で鉄道ファンが写真撮影などに集まった。

◆「北斗星」の車両図鑑&編成表

「北斗星」編成はJR東日本とJR北海道が所有。投入時期などにより多くのバリエーションがあったが、代表的な車両を紹介する。

おもな機関車

交直両用電気機関車で本州各地で活躍。「北斗星」では2010年7月まで上野〜青森間の牽引にあたっていた。

重連で函館〜札幌間を牽引。流星をあしらった北斗星色をまとい、本州〜北海道間寝台特急などの先頭をつとめた。

JR貨物が2001年に0番台を導入後、JR東日本が2009年に「北斗星」と「カシオペア」の牽引機として投入し、EF81形を置換えた。

おもな客車

オロハネ24-500

JR東日本に在籍したロイヤル・デュエット／ソロ合造車（写真はロイヤル・デュエット）でオハ14形とオハネ24形からの改造で誕生。当初からロイヤル補助ベッドを搭載。

カニ24-500

寝台車や食堂車のサービス用電源を発電する電源車で、カニ24形0・100番台を改造して耐寒耐雪構造を採用。「北斗星」系統のほか「あけぼの」などでの運用もあった。

オロネ25-500

ツインデラックス用の車両で、オハネ25形からの改造で投入された。タネ車の違いにより、客室側窓の高さに違いがみられた。

スシ24-500

485・489系電車の食堂車サシ481・489形からの改造で、調度およびテーブル配置や調理室窓数などにいくつかのバリエーションがあった。

オハネ25-560

JR北海道に在籍したデュエット車で、1991年にオハ14形、97年にオハネ25形からの改造で投入された。「北斗星1・2号」の個室シェア拡大に貢献。

オハ25-500

JR東日本在籍のロビーカーとしてスハネ25形からの改造で誕生。同形式の550番台はJR北海道のロビーカーとしてスハネ14形からの改造で投入された。

1988.03（北斗星デビュー）

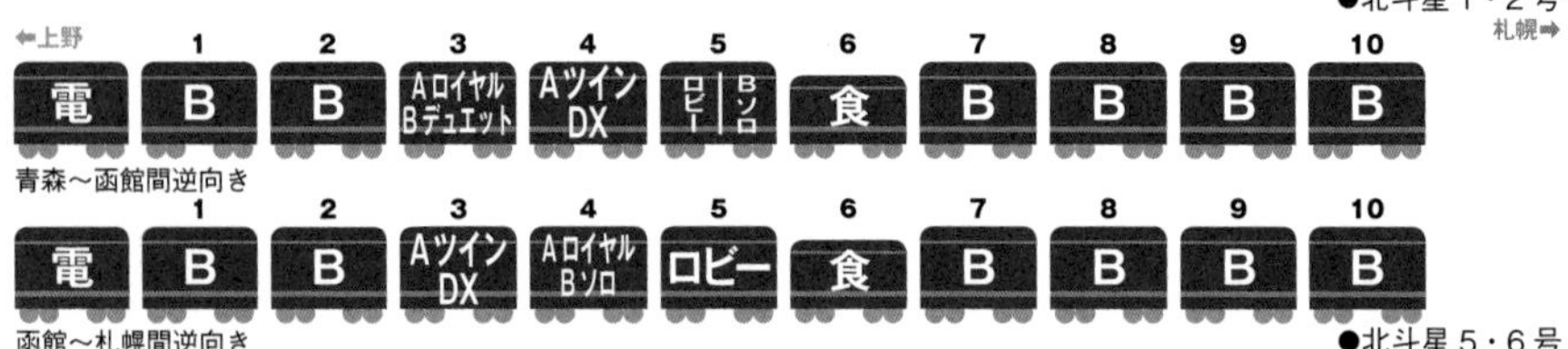

当初、個室寝台車は２ないし2.5両と控えめ。JR北海道が「ロイヤル」との合造を「デュエット」にしたのに対しJR東日本では「ソロ」を採用。JR北海道はロビーを半室とし「ソロ」も編成中に取り入れた。季節列車としてスタートした３・４号は開放型Ｂ寝台のみだったが、運転日によっては５・６号に準じた編成が用いられることもあった。

1989.03（３・４号定期列車化）

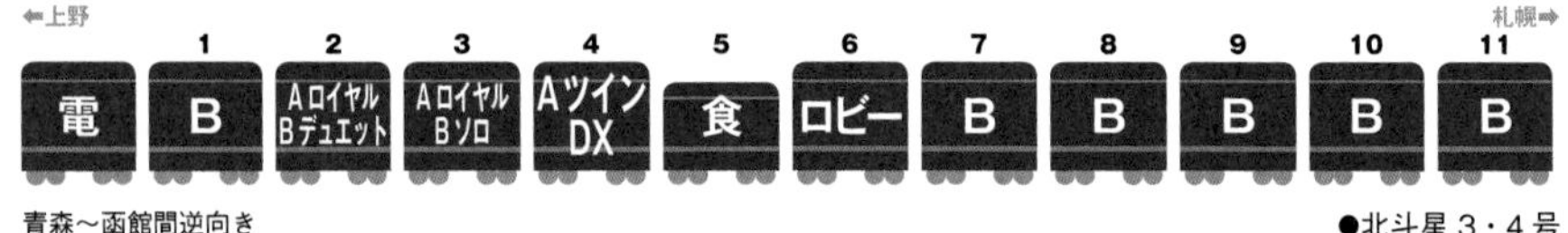

好評のなか個室寝台車を増強し、３〜６号を「ロイヤル」４室体制とした。その結果、JR東日本編成にも「デュエット」が連結されることとなった。

1990.07（１・２号個室増強）

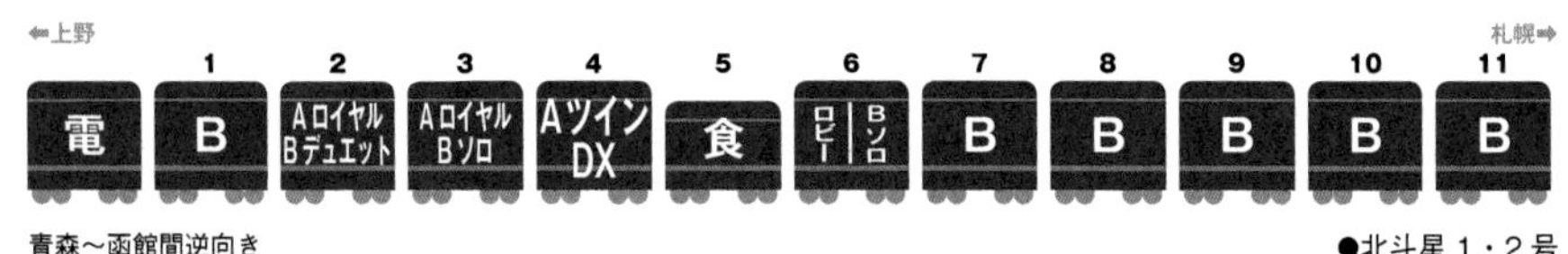

１・２号も「ロイヤル」４室体制に。予約困難だった「ソロ」の室数の倍増も果たしている。

1991.03（編成順変更）

※１：10月末までは「B」、※２：８月末までは「B」

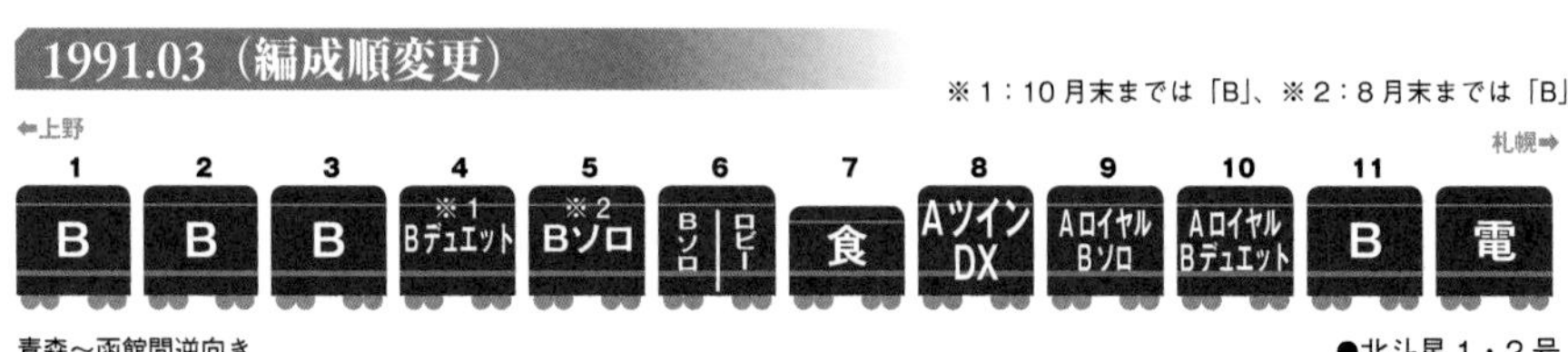

上野駅地平ホームでの騒音対策などから編成順を入れ替え、青森方に電源車が置かれることになった。また、１・２号の個室の増強が進み、新たに「デュエット」と「ソロ」が１両ずつ編成に加わった。

「北斗星」列車ガイド

【凡例】 食＝食堂車「グランシャリオ」　ロビー＝ロビーカーまたはミニロビー　B＝開放型B寝台　Bコ＝開放型B寝台（簡易個室）「Bコンパート」　Bソロ＝1人用B寝台個室「ソロ」　Bデュエット＝2人用B寝台個室「デュエット」　AツインDX＝2人用A寝台個室「ツインデラックス」　Aロイヤル＝1人用A寝台個室「ロイヤル」　電＝電源車

1997.03～（1・2号完全個室化へ）

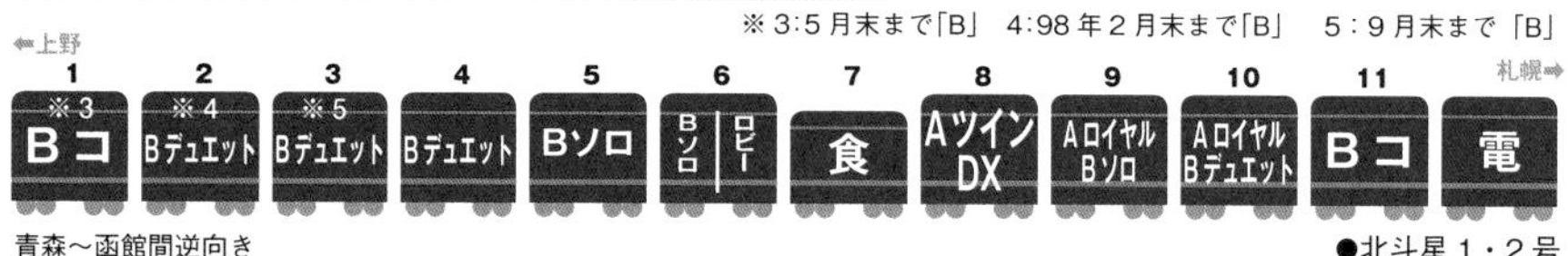

1・2号編成の個室化が順次進められ、98年3月をもって完全個室化が達成された。「トワイライトエクスプレス」などで先行使用されていた簡易個室「Bコンパート」を2両組み込み、グループ利用や柔軟性に対応したことも目を引く。

2004.04～2007.06（個室増強北斗星登場）

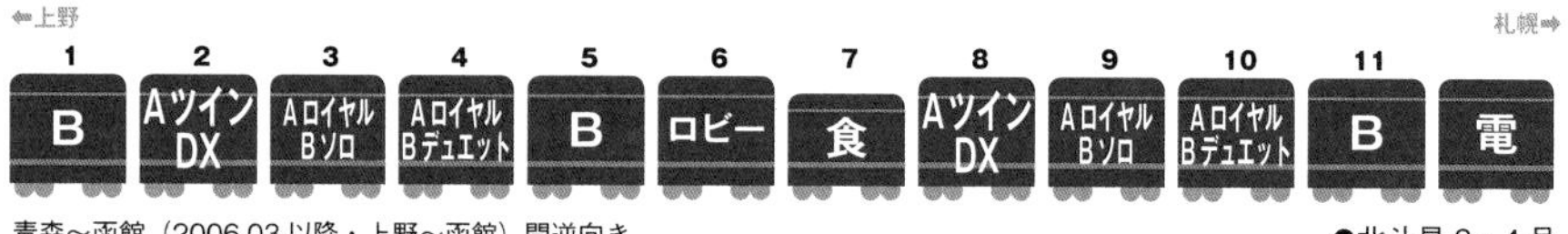

春の繁忙期に3・4号に充当された編成は、通常の個室寝台車群を2ユニット連結するというスタイルがとられた。「ロイヤル」8室という豪華版だった。

2008.03（北斗星1往復化）

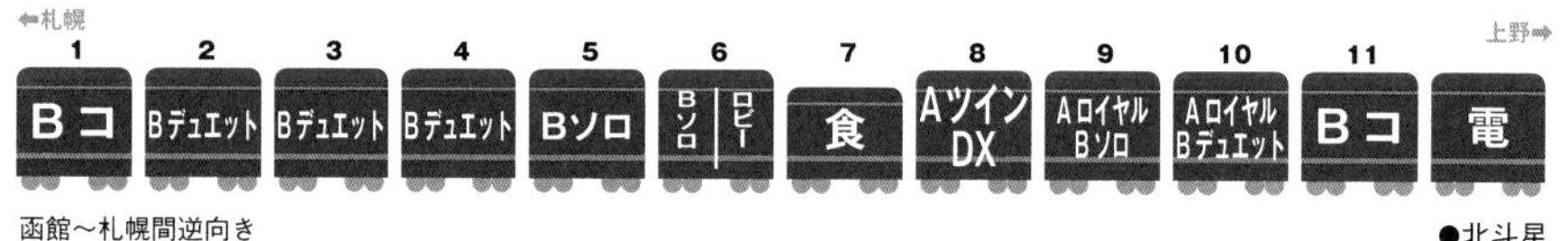

1往復にまで縮小された「北斗星」だが、寝台車の完全個室は原則として維持された。

2011.02（最晩年）

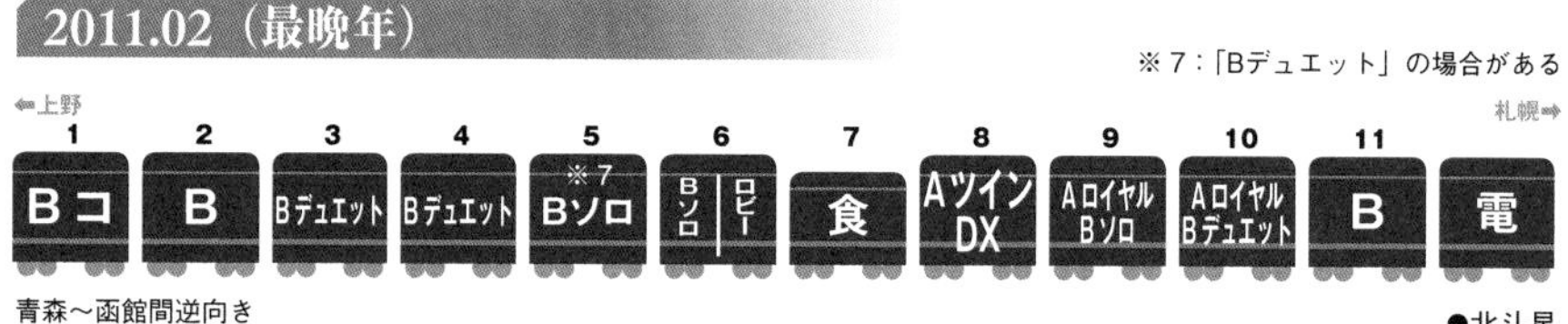

「デュエット」の予備車確保の見地から、2号車が開放型B寝台に差し換えられた。また、11号車は「Bコンパート」を廃され、最盛期と比べるとやや淋しい陣容で終盤を迎えることとなってしまった感がある。

濃霧に包まれた鉄路を、ED79形を先頭に「北斗星」が函館へと向かう。（江差線　釜谷～渡島当別間）

第5章

はじめての寝台特急「トワイライトエクスプレス」

1989〜2001

「北斗星」と人気を二分した西の王者が
大阪と札幌とを結ぶ「トワイライトエクスプレス」であった。
寝台のグレードアップが図られた編成は居住性とともに展望も重視。
日本海の夕暮れは列車のテーマともなっていた。

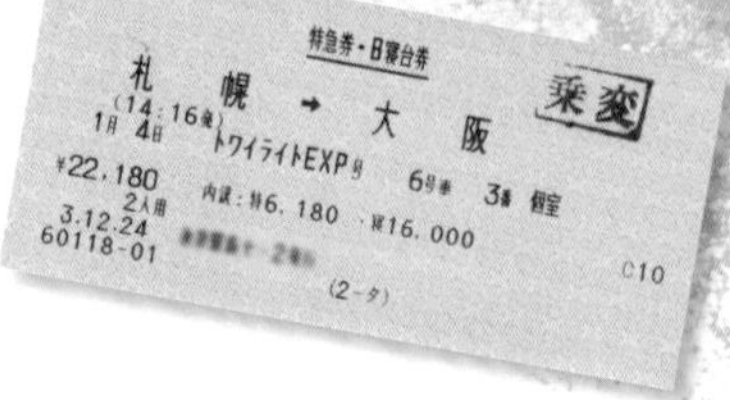

「トワイライトエクスプレス」初乗車にGO！

特急券・B寝台券
札幌→大阪
(14:16発)
1月4日 トワイライトEXP号 6号車 3番 個室
¥22,180
2人用
内訳：¥6,180 ¥16,000
3.12.24
60118-01
(2-タ)
C10
乗変

1992
01/04

「トワイライト」への出会いから初乗車へ

「北斗星」と双肩する人気寝台特急として君臨してきた「トワイライトエクスプレス」。運転区間・大阪〜札幌間というスケールの大きさとともに、編成端を独占できる豪華寝台個室「スイート」や1万2000円という豪華フルコースディナーなど話題性に欠かないスタートレインであった。私自身の初乗車はおよそ2年半が過ぎた1992年1月。そのときの22時間15分に及ぶ憧れの旅を振り返ってみたい。

鉄道誌記事で「トワイライト」のトリコに！

「北斗星」をしのぐスゴイ寝台特急が走り出すらしい……。

そんなウワサが「トワイライトエクスプレス」とのファーストコンタクトだった。

その列車は大阪と札幌とを結び、「北斗星」と同様に個室寝台車や食堂車などを連結するらしい。それもさらにグレードアップをしてだ。そんな話を目にした私は当然のこととして興味を抱いたが、「乗りたい！」との実感を持つまでには若干のタイムラグがあった。

そんなある日、人との待ち合わせまでのちょっとした時間つぶしに入った書店で、とある雑誌に目がクギづけになってしまった。とある雑誌とは「鉄道ジャーナル１９８９年10月号」（鉄道ジャーナル社）である。

表紙を飾る濃緑色の列車……。「なんだこれは？」と思いつつ手に取って開くと、そこにはウワサになっていた寝台特急の乗車ルポが掲載されていたのである。

松本典久さんの文章と目黒義浩さんの写真によって構成されたルポルタージュは、１９８９年7月21日に「トワイライトエクスプレス」が団体専用列車として運行を開始したその初列車の模様を追跡したものであった。そして、そこに登場しているのは、これまでの空想をはるかに超えた豪華寝台個室であり、従来はなかった大胆なデザインのサロンカーｅｔｃ、ｅｔｃであり、大阪～札幌間という「北斗星」をしのぐ長距離の汽車旅模様であった。

「これは…すごい！」

夢中になってそのルポを読みふけった私が、早く乗ってみたいと熱望するのは当然にすぎる顛末であった。

＊

次章でも記すが、ツアー商品専用の団体臨時列車としてスタートした「トワイライトエクスプレス」は同年の12月に通常の臨時列車となり、「北斗星」と同様に乗車券と寝台特急券を購

✦ 豊富温泉

道北の原野に位置する温泉地で、宗谷本線の豊富が最寄り駅。石油試掘のさいに温泉が湧出したもので、濁りの入った湯にはかすかに石油の匂いがある。温泉宿と銭湯があるだけの湯場だが、私のお気に入りの温泉地である。

入すればだれでも乗車できるようになった。また、初運行のさいにはなかったB寝台個室が編成に加わるなど、利用面での汎用性も増していた。それと同時に幅広くその存在が知られるようになると、寝台券は文字どおりのプラチナチケットとして話題にのぼるようになっていったのである。

そうなると、「北斗星」と同様にまずは寝台券の入手こそが乗車への重要関門となるわけだが、その最初の機会は1991年の7月にやってきた。第1章で少しふれたが、勤務先の夏休みを利用して汽車旅の計画を練っていたところ、「トワイライトエクスプレス」の札幌発寝台券、1人用B寝台個室「シングルツイン」が入手できてしまったのである。しかし、その寝台券は両親に譲ってしまった。譲ったあとにA寝台個室「ロイヤル」への変更ができ、私よりひと足早く「トワイライトエクスプレス」、それも「ロイヤル」の汽車旅を楽しんでもらったのであった。あとはおまかせということで食堂車の予約まではしなかったが、帰宅した両親に訊くと本来は事前予約が必要な夕食メニュー「日本海会席御膳」の提供を受けたほか、食堂車での朝食にも満足できたと喜んでいた。

札幌駅で念願の豪華寝台列車とご対面

私が「トワイライトエクスプレス」と邂逅できたのは、翌92年1月になってからであった。

大阪に向け千歳線を快走する「トワイライトエクスプレス」。濃緑色の車列は、寝台列車の代名詞でもあるブルートレインと一線を画す新鮮味があった。

このときは友人と稚内から宗谷岬などを散策したが、第1章で記したとおり往路は「北斗星5号」の「ロイヤル」を体験することができた。「トワイライトエクスプレス」で予約できたのは上り列車の2人用B寝台個室「ツイン」。当初は「北斗星」の「デュエット」を確保していたが、乗車11日前になってキャンセルが出て変更できたのである。

乗車前日は道北の温泉地・**豊富温泉**に宿泊。豊富8時33分発の急行「宗谷」に乗り込んだ。札幌着は13時47分。じつに5時間14分にものぼる長丁場である。ポカポカに暖められた車内で、ふたりともうつらうつらした道中だったが、たしか名寄を過ぎたあたりの車内放送を耳にするや、思わず顔を見合わせることになった。

放送はこの先の停車駅とその時刻、おもな

駅の乗り換え案内だったが、そこに「トワイライトエクスプレス」が登場したのである。別にどうということもない話だが、日本最北端の駅を路線の一端に、ごく限られた本数しか走っていない宗谷本線。そこで乗っている急行が、はるか大阪まで走る豪華寝台特急に接続している。それをこうして告げられる。しかもそれがこれから乗る列車だということに軽い興奮を覚えたのだ。そこには、これで間違いなく接続するという安心感も込みであったのだが。「宗谷」は順調に走り、札幌に定時13時47分着。「トワイライトエクスプレス」の札幌発は14時16分で、意外と乗継ぎ時間が短い。

ホームには、すでにあの黄色いラインをアクセントにした濃緑色の車列が入線していた。DD51形ディーゼル機関車のつぎに展望タイプの2人用A寝台個室「スイート」、そして「ロイヤル」……。

「これがスイートでしょ？　表から見てもすごいね」

と友人。

しかし外観でもっとも派手なのは、4号車「サロンデュノール」と名づけられたサロンカーだろう。天井付近まで広がる巨大な展望窓が並ぶ車体は鉄道誌の記事からもその大胆なデザインがわかるが、あらためて実物の迫力に圧倒される。

「トワイライトエクスプレス」は日本海の展望を重視しており、居室の大半とサロンカーの窓配置もそれにならっているため、車両デザインが左右で大きく異なっている。列車の向きの関

係で、発車前のホームからはサロンカーや寝台車室内の様子はその一部しか見られないものの、それでも斬新な個性が存分に伝わってきたものだ。

ざっと外観を楽しみ、指定された「ツイン」の扉を開く。

アイボリー系の内装が室内を明るくまとめている。室内には枕木方向に2段ベッドが設えられているが、下段は向かい合わせの座席状態になっており、折畳み式テーブルをセット。就寝時以外の居住性にも配慮されていることがわかる。ベッドにはカーテンが備えられていないが、そのぶん室内がスッキリしているような印象だ。

そして上下2段に並ぶ側窓。幅1204㎜と十分な余裕があり、上段が車両曲面に合わせ天窓ふうになっているため、室内全体が明るいのも新鮮。ベッド側壁面にはオーディオや室内灯などのコントロールパネルがある。

私たちが乗った6号車はもうひとつのB寝台個室である「シングルツイン」との合造車で、こちらは大阪側に6室が用意されている。2人利用にも対応した1人用個室だが、のちに寝台特急「サンライズ出雲・瀬戸」にその後継が導入され現在も活躍中だ。

長距離列車だからこそ、旅に余裕がある。

「この列車はトワイライトエクスプレス大阪ゆきです」

「ツイン」室内。空間の余裕度もそうだが、上下段に取られた側窓がより開放感を与えてくれた。写真の室内は壁面を木目調にするなどリニューアルがなされている。

車内放送も憧れの旅のはじまりを実感させた。

編成や車内設備の案内につづき、大阪までの停車駅と停車時間がアナウンスされる。大阪到着は12時36分。じつに22時間15分にのぼる長旅である。

長距離列車ならではの旅立ちムードにひたっていると、食堂車のスタッフが巡回してきた。軽食類や土産物の販売とともに、ディナー等の予約確認や営業案内、翌朝の朝食の予約受け付けなどをしてゆく。マンツーマンの丁寧なサービスだ。食堂車の目玉は予約制のフランス料理フルコースだが、私たちは「日本海懐石御前」を予約してある。事前予約の和食ディナーメニューで、食堂車ではなく自室かサロンカーにケータリングされる。朝食は30分単位の予約制ということで、7時35分からの回の洋食を予約した。

「ランチの営業はあるのでしょうか？」

訊くと、ランチはないものの、そろそろティータイムがスタートするということなので、さっそく食堂車を訪れてみることにした。札幌発が14時過ぎとランチには遅い時間だが、こうして日中の営業があるのはうれしい。はじめての「トワイライトエクスプレス」の車内移動はイコール車内探検でもある。さすがに個室内をのぞくわけにはいかないが、「ツイン」と「シングルツイン」それぞれの区画の境目で2段にクランクした通路が面白い。そして、4号車サロンカーとの出会いはやはり強烈だった。展望窓に向けてシアターふうに2段式になったソファ配置も新鮮で、すでにソファの多くが埋まっている。サロンカーの隣が3号車食堂車。こちらは席に余裕があり、去りゆく北海道の景色を眺めながらケーキとコーヒーを楽しむ。

「これで、明日の午後まで乗ってるんでしょう？」

「こんなに余裕たっぷりの汽車というのもいいものだよ」

サロンカーで少し寛いで自室に戻るが、時刻はまだ16時にもなっていない。ちょっと持て余し気味の時間が楽しい。友人は、上段ベッドを陣取りうつぶせに寝転がった姿勢で車窓に視線を送っている。そうして時間を過ごしていると、足早に陽が暮れてくるのがわかる。

17時を過ぎ、お茶とともに「日本海懐石御前」が届く。風呂敷ふうの包みを開くと、横長の六角形の膳が現われた。中味はヒラメやウニなどのお造りや白身魚の焼き物などで、沿線の素材を生かしながら贅沢にアレンジされている。ちょっと日常離れしたご馳走をじっくりといただ

◆運転停車

乗客の乗り降り対象でない停車を指し、市販の「時刻表」では通過扱いになっている。単線区間での列車行き違いや乗務員交替などのほか、追い抜き列車の待避もあり、「トワイライトエクスプレス」でも後続特急待避があった。

だく。

「トワイライトエクスプレス」では、ほかに車内オーダーで味わえる幕ノ内「プレヤデス弁当」も用意され、こちらも食堂車で調製をしてルームサービスされる。こういう演出にも「トワイライトエクスプレス」の意気込みが感じられたものだ。

ふと気づくと、列車は五稜郭に停車していた。停車とはいっても洞爺～新津間での乗り降りはできず、機関車交換等のための**運転停車**である。「トワイライトエクスプレス」は「北斗星」とは異なり函館ではなくこの駅で機関車交換と方向転換をして津軽海峡線に入ってゆくわけだが、五稜郭到着が早朝（4時24分）となる下りはともかく、上りは18時32分と利用しやすい時間帯である。函館か五稜郭に停車すれば利用者だってあったのではないだろうか。

そんなことを考えつつ、ころあいをみはからって再びサロンカーを訪れてみた。ゴールドを多用した調度やデザインが、夜を迎えたからかきらびやかに映え、さっきとは別世界に見える。ゴージャスというのは簡単に片づけすぎた言葉だが、展望窓の向こうに広がる夜の車窓、そしてゆったりとした列車時間によく似合うようだ。

本州に入り日本海縦貫線へ……

19時からの時間帯で予約してあったシャワールームでリフレッシュし、湯上がり気分をサロンカーで寛ぐ。

19時50分を回るころだろうか、かすかに長めの警笛音が聞こえたかと思うと何度目かのトンネルに突入し、同時に青い光が車窓を横切っていった。

大型窓に囲まれたサロンカー「サロンデュノール」。日本海側を向いてシアター風にソファーを設えてある。サロンカーには軽食・飲料の自販機も設置されていた。

食堂車で寛ぐ若き日の筆者。振り返ってみれば、私が育った千葉県は食堂車とはほぼ無縁で、そういう意味でも食堂車は子どものころからの憧れのひとつだったといえる。

◆ 日本海縦貫線

「トワイライトエクスプレス」が走った路線のうち、日本海沿岸をリレーする北陸・信越・羽越・奥羽本線は総じて「日本海縦貫線」とも呼ばれている。現在、全線直通の旅客列車はないが、貨物列車の重要ルートになっている。

青函トンネルである。

まだ宵の口といっていい時間、サロンカーでトンネル通過を見物する。そもそも、トンネル通過時の車窓などたいして面白くもないハズだが、青函トンネルでは吉岡・竜飛の両海底駅や中間地点でのライトアップといったチェックポイントがあるのがいい。もっとも、食堂車では2巡目のディナータイムだろうから、トンネルの壁を眺めながらの豪華ディナーというのもなァ……など余計なことも考えてしまうのだが、海底奥深くで味わうディナーというのも貴重な体験かもしれない。

その青函トンネルを20時30分過ぎに走り抜け、早くも本州に到達した。やがて新小国信号場で三厩（みんまや）からやってきた津軽線と合流、蟹田を過ぎると室内灯を消した「ツイン」の窓から陸奥湾が望まれた。そんな車窓を、向かい合わせのソファから転換した下段ベッドの上で足を伸ばしたまま眺める。

21時20分過ぎに到着した青森で、「トワイライトエクスプレス」は再びの機関車交換と方向転換をする。先頭には客車と同じ配色を施した専用のＥＦ81形電気機関車が連結されたはずだ。

青森から先は**日本海縦貫線**を西進してゆく。奥羽本線にはじまり、羽越本線、信越本線、北陸本線、湖西線……大阪と青森・函館とを結ぶ寝台特急「日本海」と同じルートだが、上り「トワイライトエクスプレス」の乗車側にあたる駅は洞爺までで、その役割が大きく異なることがわかる。本州側で最初に乗り降りできるのは新津で4時44分の到着予定である。

列車は青森を静かに後にし、奥羽本線へと分け入ってゆく。上野までを結ぶ「あけぼの」のルートでもあるが、首都圏には向かわず関西へと進むのがうれしい。北海道からの帰途であり、旅の終盤ではあるけれど、まだまだ長い道行きが残されているからだ。

30分ほど走って列車が不意に停車した。上下列車行違いなどのための運転停車で、機関車交換などを実施した五稜郭と青森以外でもいくつかの駅で設定されている。あいにくこのときのデータは持っていないのだが、手元にある2007年9月の資料によれば、上り「トワイライトエクスプレス」は蟹田と青森信号場（この当時は青森駅への入線はなかった）、日本海縦貫線上の大釈迦（だいしゃか）と弘前、大館、大久保、秋田、酒田、村上、芦原温泉（あわらおんせん）のほか、西大津（現・大津京）の各駅で運転停車が設定されていた。

0時過ぎの秋田到着を待って就寝。この先、日本海を望む区間を何度かにわたり通過するのが気になるが、運がよければ適当に目覚めることもあるだろう……。

最後の最後までその魅力を堪能したい！

寝台車のベッドで寝るのは大好きで、たぶんよく寝られているとは思うのだが、それでもときおり目が醒めては、車窓をチェックしてしまう。

ふと停車の気配を感じたと思うと新津だった。いよいよ「降車エリア」に突入したわけだが、大阪まではまだ8時間以上の猶予がある。

「みなさまおはようございます」

6時25分着の直江津を前に、「トワイライトエクスプレス」は朝を迎えたようだ。日の出まではまだ間があるが、車内放送が再開され、食堂車ではモーニングタイムがスタート。私たちは起きるでもなしに、半分うつらうつらしたまま次第に夜が明けてゆく北陸本線の車窓を眺める。この先も有間川付近や親不知(おやしらず)などで日本海の展望が待っている。一方でトンネルが続出し、その出入口付近で通り過ぎてゆく警告音が、この路線らしい旅情を刺激する。

7時30分を過ぎたところで、朝食の予約時間に合わせて食堂車に繰り出す。黒部川橋梁を経て富山湾へと進む車窓の反対側には白馬岳などを擁する後立山連峰が望まれる。日本海の展望が強調される「トワイライトエクスプレス」だが、北陸本線から望む北アルプスなどの山容もまた素晴らしい。

列車は、富山、高岡、金沢と個人的にも馴染みのある駅に停車してゆく。それとともに旅の終わりが感じられてくる。

10時31分着の敦賀で20分間停車し、機関車交換。列車が湖西線に入ったところで、サロンカーを訪れてみた。シアター席とは逆向きながら、高架から移りゆく琵琶湖の風景はいいものだ。

「あと10分ほどで京都に到着いたします」

終点まであと3駅。この放送もいよいよ終盤かと思いつつ、たぶんだれもが耳を傾けているのではないだろうか。

「……またのご乗車をお待ちいたしております」

と、お決まりの挨拶が流れるや、

「またのご乗車といったって、きっぷが取れないやないか」

だれかのボヤキが、サロンカーに笑いをもたらした。

それを汐に自室に戻り、大阪まで残されたわずかな時間を楽しむ。

新大阪を発車してほどなく淀川を渡り、「トワイライトエクスプレス」は終点の大阪駅に到着した。

1992年1月時刻表

列車名		トワイライトエクスプレス（上り）
発車番線		⑥
札幌	発	1416
千歳空港	〃	1451
苫小牧	〃	1511
登別	〃	1540
東室蘭	〃	1557
洞爺	〃	1626
函館	〃	||
青森	〃	レ
秋田	〃	レ
酒田	〃	レ
新潟	〃	||
新津	着	444
長岡	〃	523
柏崎	〃	レ
直江津	着	625
	発	628
糸魚川	着	レ
魚津	〃	レ
富山	〃	753
高岡	〃	812
金沢	着	849
	発	856
加賀温泉	着	レ
福井	〃	954
敦賀	〃	1035
京都	〃	1202
新大阪	〃	1230
大阪	着	1236
到着番線		③

特急券・A寝台券(個)
大阪 → 札幌
(12:00発)
12月29日 トワイライトEXP号 1号車 2番 個室
¥19,940 内訳:特3,090・寝16,850
1人用 大人1名
4.12.24
50572-01
(2-タ)
000

キャンセル狙いで入手できたロイヤル寝台券。

1992 12/29

友人と1室ずつ「ロイヤル」を確保した緩すぎる贅沢旅

ここまで、人気寝台券確保を巡るエピソードについても触れてきたが、プラチナチケットとはいっても入手できるときにはできるものなのである。ここで紹介するのはそんな人気寝台を楽しんだ話で、自分自身で当時を振り返りつつ「なにもこんなアホらしいことをしなくても」と苦笑してしまう反面、こんな汽車旅ができた時代もあったのだなと楽しかったころをしんみりと思い出してしまうのである。

友人が目を丸くした「トワイライトエクスプレス」

「おおっ、やっぱすごいね」

入線してきた「トワイライトエクスプレス」を目の当たりにした友人が、賞賛の声を挙げた。誘った私にとってもうれしい反応だ。

大阪駅である。

長い編成がホームに止まる。私たちの目の前には最後尾となる1号車が止まっている。「トワイライトエクスプレス」の最上等設備である2人用A寝台個室「スイート」1室と1人用A寝台個室「ロイヤル」4室からなる車両だ。

じつは、友人には個室の寝台券が確保できている旨を伝えてあったが、どの設備であるかはあえて内緒にしてきた。「ちょっと驚かせてやれっ」という遊び心である。

「入ろうぜ。お先にどうぞ」

なんの説明もしないまま、最後尾の「スイート」をホームから眺めて感心している友人を1号車に乗り込ませる。私にとっても待望の1号車だ。

デッキを左折し、4番個室に差しかかったところで、

「あぁ、あんたここね。オレはあっちだから」

と友人ひとりを個室に入れ、私は2番個室に荷物を下ろした。

「いよいよ憧れ中の憧れ、トワイライトエクスプレスのロイヤルだ」

個室内を眺めながらひとり悦にいっていると、背後から友人がやってきて、「大丈夫なのか？ホントにあの部屋でいいのか？」

慌てた表情をしている。どうやら冗談で無関係な部屋に招じ入れたと思ったらしい。

「それがさ、ロイヤルがふた部屋取れちゃったんだよ。こういうのもいいだろ」

「……なにかの冗談かと思ったよ。それにしてもよく取れたね」

「まぁ、２室目が取れるまでダブルベッドで添い寝を覚悟してたしねぇ（笑）。根性の勝利さ」

＊

「トワイライトエクスプレス」との再会のチャンスは、初乗車のほぼ1年後にやってきた。

年末休暇を前にして、性懲りもなく（？）冬の北海道汽車旅を練っていたところ、高校時代からの友人がその話に乗ってきたのがコトのはじまりであった。一杯やりながらの席である。

「せっかく行くのなら、例の『トワイライトエクスプレス』に乗らないか？」

と友人に持ちかけつつ、いかに楽しい列車であるかを滔々と述べる……なんていうことまではしなかったが、

「いいんじゃないか」

あっさり話がまとまったのであった。

大阪から「トワイライトエクスプレス」に乗り札幌へ。特急「オホーツク」に乗り換えて石北本線の車窓を楽しみつつ道北などを散策する案で計画を進めることがその場で決まった。帰路はもちろん「北斗星」である。

すんなりと進んだのは計画だけではなかった。

最初にして最大の難関である下り「トワイライトエクスプレス」の寝台券が１カ月前の発売日に入手できたのである。確保できたのは２人用Ｂ寝台個室「ツイン」で、前回――初乗車時

「トワイライトエクスプレス」の「ロイヤル」。写真は雑誌取材で同行したさいに写真家の佐々倉実さんが撮影（120ページも同）。設備のよさだけでなく、上質感が室内に満ちていた。

――と同じ設備である。帰路は「北斗星2号」の2人用A寝台個室「ツインデラックス」が同じく発売開始日に購入できた。幸先のいいスタートであった。

素直に見れば、北海道内でほかに必要な列車や宿の予約をして準備OKとなるところなのだが、そうはならなかった。往生際が悪いというよりも単なる習性のせいだろうと思うのだが、みどりの窓口を見かけるとつい寝台特急券のキャンセル狙いを繰り返してしまったのである。

第1章で記した「北斗星」初乗りのときがそうであったように、列車や時期によっては寝台券などの争奪戦が関門として立ちはだかってはいたものの、そうした難しい列車を体験してゆくうちに、キャンセル狙いが案外有効だということに気づいたのである。諦めずに窓口詣でをしていると、ないハズの寝台券がひょっこりと現われる。もっとも、今回は「ツイン」が入手できていて必要十分な準備が整っている。狙いは、そのグレードアップ、つまりA寝台個室を入手しようと思ったのだ。

そんな願いがどこぞに届いたのか、乗車11日前になって「ロイヤル」にキャンセルが出た。ダブルベッドでの一夜と知って友人がどういう顔をするかはわからないが、手持ちの「ツイン」をその1室に変更。さらに6日前になって、「ロイヤル」がもう1室予約できたのである。

余裕たっぷりの空間、そして時間

という次第で、まんまと「ロイヤル」2室をせしめての出発となった。もっとも、せっかく気心の知れた友人同士が別個の部屋に閉じこもっていることもなく、1室に集合してルームサービスの葡萄酒やら駅で買い込んでおいた缶ビールなどをやりながら過ごすのだが、それでもやはり「ロイヤル」の空間は余裕たっぷりで快適だ。基本構造は「北斗星」のそれとほぼ同様だが、ソファベッドからダブルベッドへの転換は電動式になっており、ボタンを押すと背もたれが半回転してソファ面とドッキングしてダブルサイズになる仕組み。「北斗星」と同じく床面積の多くをベッドが占めることになるので、ひとり利用であれば、転換しないほうが快適に過ごせそうだ。

「ほう……、ロイヤル1室ずつですか。よく取れましたなァ。こんどはカノジョ連れで乗ってな」

車内改札に訪れた車掌のジョークに、私たちふたりも爆笑する。とはいえ、最後尾「スイート」をひとりで楽しんだファンと会ったこともある。上には上がいるものなのだ（なにがどう「上」なのかはわからないが）。

下り「トワイライトエクスプレス」の大阪発は12時ジャスト（当時）。そういう時間帯なので、食堂車ではランチタイムが設けられている。敦賀を出発し北陸トンネルに突入したあたりで、私たちもホロ酔い気分のまま3号車の食堂車「ダイナープレヤデス」を訪れる。保存してあったレシートによれば、ビーフカレー（1000円）とボロネーズ（800円）、コーヒー（400円）、トマトジュース（400）円。いま思えばかなりの良心価格だと思うのだがいかがだろうか。

食堂車から戻った私たちは、それぞれの自室に引き上げた。列車は福井を過ぎ金沢に向かって快走している。ここしばらくは大人しい車窓が続くしということで、私は昼寝タイムを決め込むことにした。あとで訊くと友人もひと寝入りしていたのだが、じつはこのとき以外にも下り「トワイライトエクスプレス」で昼寝をしたことがある。それだけ余裕たっぷりの行程なのだ。

◆ 寝台特急「日本海」

大阪～青森・函館間を東海道・湖西・北陸・信越・羽越・奥羽本線経由で結んでいた寝台特急。「トワイライトエクスプレス」登場以前に客車のグレードアップが取り沙汰されたことも。2012年3月に臨時化し、2013年1月に事実上の廃止。

ふと目覚めると、車窓に日本海が広がっている。時計を見ると、そろそろ直江津に停車するようだ。

友人の部屋をノックし、「晩飯はどうするかね？」と訊くと、「直江津で買えるそうじゃないか」という。今回は食堂車の予約をしておらず、パブタイムだってあるしどうにかなるだろうと、食事関係は成りゆきのまま。とはいえ、直江津駅の駅弁が豊富な品揃えであることを友人もチェックしていたらしい。停車時間は14分。売り切れていなければ入手できるだろう……。

ということで、17時42分に到着した直江津で無事に駅弁を購入。あいにくどの弁当にしたかの記録も記憶もないのだが、海鮮系の友人に対し、私は肉系を選んだ覚えがある。

直江津を出ると信越本線を東進してゆく。柿崎～鯨波間で日本海が間近に迫り、下り「トワイライトエクスプレス」のハイライトポイントでもあるのだが、すでに車窓は夜のたたずまい。それでも、かすかな灯が波打ち際を照らし海岸線に沿って走っているのがわかる。

柏崎からは内陸よりに進路をとり、新潟を経由せずに長岡と新津に停車。そのあとは翌朝6時47分着の洞爺まで通過扱いとなる。

余談だが、かつて下関から青森まで列車を乗継いで日本海ぞいルートで辿ったことがある。

もっとも海岸に近いルートで北上しようという企画だったが、残念ながら柏崎〜新発田間のみはそれを断念せざえるをえなかった。つまり、日本海ぞいにこだわるのであれば同区間を越後線と白新線経由とするべきところ、日程の都合で敦賀〜東能代間を**寝台特急「日本海3号」**を

「トワイライトエクスプレス」のハイライトとして知られ、ポスター類や鉄道雑誌グラビアなどを飾った信越本線の青海川〜鯨波間。列車は違っても、その展望と鉄路はいまも生きている。

日本海縦貫線では断続的に日本海の展望が沿線に広がる。「トワイライトエクスプレス」では時刻的に夏季限定だったが、羽越本線内で迎える日本海の夕暮れもまた素晴らしい。

◆ 深名線

深川と名寄とを結んでいた121.8kmの非電化ローカル線。沿線は人口の希薄で日本屈指の豪雪地帯。深川〜朱鞠内間が1日3往復など零細路線だったが、沿線の道路整備の遅れから辛うじて存続していた。1995年9月4日廃止。

利用にしたからである。「日本海」はいま走っているのと同じ経路で青森を目指していたため越後線と白新線は経由しない。やむを得ず妥協含みで乗車券を買いに行ったところ、某駅の顔なじみの駅員がニヤリとしながら「越後線じゃなくていいの?」とメモ書きにしたルートをチェック。「いや、ちょっと日程の都合で……」と苦笑しつつ、「さすがこの人はわかってる!」とうれしくなったものだ。こうしたきっぷを購入するさいの人とのふれあいもこの時代のよき思い出ではある。翻って、私が断念した越後線経由のルート上には新潟駅があるし、「トワイライトエクスプレス」を走らせる計画はあったのだろうか? この原稿を書きながら、ふと興味がわいた。

簡素な夕食を終えた私たちは、サロンカーに繰り出し、パブタイムのオープンを待って食堂車での乾杯を楽しんだ。列車は羽越本線を北進中で、秋田到着を汐にそれぞれの自室に引き上げた。

*

列車は順調に北上し、札幌には定刻の9時03分に到着。もちろん、食堂車の朝食も満喫した。札幌からは急行「宗谷」に乗り換えて稚内に向かった。稚内で新年を迎え、元旦は名寄から**深名線**を辿ったあと、特急「オホーツク」で網走を目指した。深名線では、その核心部となる北母子里(きたもしり)〜朱鞠内(しゅまりない)間の車窓に文字どおりの雪の壁が続くなど、極寒の地を往くローカル線の厳しさを実感させられたものだ。友人もまた、言葉少なくその車窓を見つめていた。その深名線も、その後3年を待たずして1995年9月に廃止されている……。

いま、きっぷの保存帳を開くと、「トワイライトエクスプレス」やこの旅の帰路に乗車した「北斗星2号」の「虎の子ツインデラックス（第1章参照）」の寝台特急券などとともに、朱鞠内と稚内、網走駅の入場券、さらに朱鞠内駅で購入したオレンジカードが並んでいる。

1992年12月時刻表

列車名		トワイライトエクスプレス（下り）
発車番線		⑩
大阪	発	1200
新大阪	〃	1206
京都	〃	1235
敦賀	〃	1351
福井	〃	1433
加賀温泉	〃	レ
金沢	着	1526
	発	1533
高岡	〃	1605
富山	〃	1620
魚津	〃	レ
糸魚川	〃	レ
直江津	着	1742
	発	1756
柏崎	発	レ
長岡	〃	1853
新津	〃	1933
新潟	〃	‖
酒田	〃	レ
秋田	〃	レ
青森	〃	レ
函館	〃	‖
洞爺	着	647
東室蘭	〃	718
登別	〃	734
苫小牧	〃	803
千歳空港	〃	823
札幌	着	903
到着番線		⑤

COLUMN

6号車8番の謎
～「トワイライトエクスプレス」でなぜか同じ個室が？

「トワイライトエクスプレス」には、都合9回の乗車機会を得た。乗車できたのは「ロイヤル」が2回と「ツイン」が2回、「シングルツイン」が5回である。妙なのは「シングルツイン」5回のうち4回が6号車8番だったことだ。さらに寝台券を入手したものの両親に譲った1回も同じ部屋だったので、その数は6回中5回を数えることになる。

しかも、私が乗車した5回はいずれもキャンセル狙いでの入手であった。また、2回乗った「ツイン」はともに6号車3番だった。これが単なる偶然なのか、寝台の販売に関してなんらかの法則があったのかは、いまだに謎である。

ところで、雑誌取材について少し触れたが、そうした場合の寝台券（指定券）も通常どおりの方法で購入するのが原則。もちろん事前に取材申請はするのだが、そうした面での優遇措置は一切ないのがふつう（取材現場ではなにかと便宜をはかっていただいている）。そのため、希望どおりの寝台が確保できる保証はないわけで、誌面づくりに参加しながら寝台の手配や取材日程の調整など編集部の苦労がしのばれたものだ。

蛇足ついでに記すと、ある知人によればプライベートで「トワイライトエクスプレス」の「スイート」に乗りたいと考えた人物が、某著名政治家を通して寝台券入手を画策したことがあったそうな。実際にどの程度の働きかけがあったのかは不明だが、そんな裏ルートでの予約はハナっから拒絶されたとのことである。

第6章

雑誌取材と寝台特急「トワイライトエクスプレス」2002～2015 & 「トワイライトエクスプレス」列車ガイド

私自身は、9夜を「トワイライトエクスプレス」で過ごすことができた。
そのいくつかは雑誌取材の舞台としてであったが、
いずれも貴重な体験をすることができたと思う。
その思い出とともに列車の足跡を辿ってみたい。

「トワイライトエクスプレス」を巡る雑誌取材の思い出

鉄道を舞台にした推理小説は国内外にいくつもの名作があるが、その分野での巨塔が西村京太郎さんである。本書で取り上げた列車そのいずれもが作品の舞台となってきたが、私個人でもっとも印象深かったのが『豪華特急トワイライト殺人事件』であった。その作品を読んだのは、あくまで日常の読書にすぎなかったが、それから数年後に西村京太郎さんのみならず、作品がドラマ化されたさいの犯人役とこの列車の旅をご一緒させていただくことになろうとは、まさに夢にも思わなかった。乗車記の最終便として、その思い出を綴ってみたい。

殺人者は犯行現場に戻る⁉

会社勤め時代の出張の足から、フリーランス記者になってからの取材旅行など、仕事関連で「北斗星」をはじめとする寝台列車に乗る機会があったことに何度か触れてきたが、寝台列車そのものが取材舞台となったこともあり、いずれもいい思い出となっている。

大阪駅で発車を待つ「トワイライトエクスプレス」。時刻はまだ午前。これから夜汽車に乗って北の大地を目指す長い汽車旅がはじまるのである。

そのなかから少しだけその思い出を綴ってみたい。

本書で取り上げている3本の列車のうち、もっとも多くその機会に恵まれたのが「トワイライトエクスプレス」であった。

最初の機会は月刊誌『一個人』（ＫＫベストセラーズ）の取材で、俳優の榎木孝明さんとご一緒させていただいた。それ以前にも俳優との汽車旅取材を担当させていただいたことはあったが、上り「トワイライトエクスプレス」（札幌～大阪間）が舞台ということで、興奮と緊張がごったまぜになっての取材乗車となった。

個人的な話でもあるが、その以前にテレビのサスペンスドラマで悪役（殺人者）を演じる榎木さんに遭遇し感激したことがあったのである。ある種の狂気を伴った二枚目の凶悪

♦『豪華特急トワイライト殺人事件』

妻との北海道旅行の帰途、大阪ゆき「トワイライトエクスプレス」に乗り込む十津川警部の目に、かつて自身が逮捕した凶悪犯の姿がよぎる。不吉な予感とともに発車した列車内で誘拐される妻、そして予告殺人…。

犯。情状酌量などという言葉がこれっぽっちも臭わない悪役である。しかも、その原作は西村京太郎さんの小説**『豪華特急トワイライト殺人事件』**（1992年・新潮社）。ドラマは「十津川警部シリーズ7・豪華特急トワイライト殺人事件」（1995年・TBS）で、榎木さんが演じるその悪役ぶりにある種の理想めいた感動を覚えたのであった。単純にいえば「カッコイイ！」であり、もう少し丁寧に言うと「理想の悪役」ということになる。それからおよそ11年が過ぎてから、とうの悪役とその舞台となった列車で一夜を過ごすことになろうとは思いにもよらなかったが、役者と舞台とが揃った取材に立ち会えることに我が身のシアワセを実感したものだ。

このときは、榎木さんが2号車「スイート」に宿泊。2号車「スイート」は車両中間部に設けられ、サロンカーと同様の大型展望窓がリビング区画を覆っている。カーテンを隔ててツインベッドが設えられてあるが、実質的な居住性としては、展望車タイプの1号車「スイート」をしのいでいたように思う。こうした貴重な寝台個室をじっくり取材できたのもいい経験だった。私にはその隣の「ロイヤル」を用意していただいたが、気さくな榎木さんからうかがうお話が楽しく、榎木さんの自室にお邪魔している時間が長くなってしまった。もちろん、件のドラマについてのお話をはじめオフレコを含むさまざまな話題のひとつひとつに感激したものだった。

憧れの西村京太郎さんと邂逅！

こうして憧れの悪役と「トワイライトエクスプレス」をご相伴させていただいたそのおよそ半年後、榎木さんが演じた『豪華特急トワイライト殺人事件』の原作者である西村京太郎さんと、同じ「トワイライトエクスプレス」をご一緒させていただく機会が巡ってきたのだから、人生わからないものである。

前回と同じく月刊誌『一個人』の鉄道特集の企画で、こんどは下り列車が舞台となった。西村さんご夫妻が2号車「スイート」。写真担当は鉄道写真家の佐々倉実さんで、私たちは「ツイン」が基地となった。

西村さんの諸作品は会社勤め時代は通勤時間の友であり、そのすべてとはいかないものの、当時をして9割前後は読んでいたと思う。いわば憧れの先生であり雲上人でもあるわけだが、その夢にまで見たご対面は、西村さんの柔和で機知に富んだお人柄にまるまる心身を預けてしまうような体験となった。

西村さんご自身も「トワイライトエクスプレス」の道中を細かに注視しているように思われたが、私としては、西村ワールド、その創作の秘密を一端だけでものぞいてみたい気持ちがあった。もちろんその面でもいろいろなお話をうかがうことができたが、思わず「我が意を得たりっ！」と身を乗り出してしまったのは、その悪役像についてであった。

「テレビのサスペンスドラマの最後に、犯人と警察官が崖の上で対峙するよね。そこで殺人者にも五分の魂じゃないけど、犯人に語らせるわけだ。オレはあれが大嫌いでね（笑）。悪いヤ

「トワイライトエクスプレス」の目玉だった１号車「スイート」。編成端に位置するため、下りの大阪～青森、五稜郭～札幌間と上りの青函トンネル区間などで〝航跡〟を満喫できた。

食堂車「ダイナープレヤデス」にて。営業時間の合間の貴重な休憩時間を寛ぐ食堂車スタッフのみなさん。こうした運行・営業の一面に接せられたのもいい経験となった。

ツはどこまでもワルであってほしいんだな」

悪役はあくまでもワルであってほしい。

そういう意味で、私が感激した榎木孝明さんの悪役は、たぶん西村さんの理想像にも近かったのではないか。そんな思いを抱いたのである。

これは読者としての私自身の感想や理想とも合致しており――だからこそ、榎木さんの悪役にシビレたのだ――、憧れの御大からそれが語られたことに大きな喜びを実感するほかはなかった。

そんな取材とは直接の関係がないようなお話もうかがったその翌日。食堂車で朝食をご一緒させていただきながら、ありきたりな質問をしてみた。

「今回、大阪から乗車した『トワイライトエクスプレス』で一夜を過ごされたわけですが、たとえば今回の乗車から物語が生まれるとすると、それはどのような筋書きになるのでしょうか?」

「うん。ほら、あそこに女性のスタッフがいるでしょう?」

その言葉に後ろを振り返ると、昨日から取材にも協力してくださっている食堂車の女性スタッフが忙しげに動いているのが目に入った。

「じつはね、彼女のお父さんが食堂車のシェフでね、この運行が最後の乗務なんだよ。それでね……」

もちろん、彼女のお父さん云々は西村さんの創作である。そして、柔和な表情のままごく自然体でその舞台設定を語る西村さん。その語りに耳を傾けながら、とてつもなく素晴らしいプレゼントをいただいた気分になったものだ。

それ以来、ふと思い出すとあれこれ妄想もとい創作の世界に入ってしまうクセがついてしまったのであるが、この巡り会いそのものが、私が愛着してやまない寝台列車たちからのプレゼントでもあったのかもしれないなぁと、いまになって思うのである。

＊

備忘録によると、「トワイライトエクスプレス」には都合9回乗車したが、うち4回が雑誌関連の取材であった。西村さん取材の翌年、別の月刊誌の乗車ルポ取材で乗車したさい、前回と同じ食堂車スタッフと再会して驚いたのもいい思い出だ。

一方、「カシオペア」は3度乗車してうち2回が雑誌取材となった。このさいもついに乗車することがなかった「カシオペアスイート」の室内などを取材することができたほか、運行そのものの現場の様子などもその詳細をじっくりと見学させていただいた。もっとも、一度は運転停車中の青森駅ホームでの撮影を許可していただいたさい、ウッカリ帰路の乗車券と寝台特急券を入れたクリアファイルをホームに落としてしまい、関係各所にご迷惑をおかけしたことも……。そのときは青森駅できっぷを確保してくださっており、帰路の北斗星の停車を使って

「トワイライトエクスプレス」のサービスを支える人々がいるからこそ、快適な旅が楽しめた。そういう意味で、まさに人間味にあふれる乗り物だったといえるのではないだろうか。

無事に手元に返ってきた。この場をお借りして御礼申し上げたい。

取材とはいえ、いろいろと貴重な体験の機会に恵まれたわけだが、不思議なことに「北斗星」がそうした形で取材の舞台となることはなかった。もっとも、ここに挙げたような取材の片道はすべて「北斗星」だったので、取材の延長線上での乗車をしてきたともいえる。

「トワイライトエクスプレス」クロニクル

大阪～札幌間1495・7㎞。最長距離旅客列車の看板を背負って走り抜けたおよそ27年間にわたる歴史と魅力を振り返ってみたい。

「トワイライトエクスプレス」は、「北斗星」が登場した翌年1989年7月21日にデビュー。招待客を乗せての試験運行はそれに先立つ7月18日に実施されていたが、大阪発21日の列車が最初の営業運行となった。その後のしばらくはツアー専用の団体臨時列車として運行され、その年の12月に一般の臨時列車となっている。

クルージングトレイン――。

列車の旅をクルージングにたとえることは現在では一般化しているが、「トワイライトエクスプレス」はまさにこのコンセプトによって計画・運行されてきたその先達であった。

大阪と札幌間1495・7㎞（上り1508・5㎞）というワイドスケールな運行区間。その経路上に展開する日本海や北アルプス、津軽海峡、北海道の大地などの展望や青函トンネル……。とりわけクローズアップされたのが下り列車で展開する夕暮れの日本海であった。

列車実現にあたっては、「ゆったりとした雰囲気で、鉄道旅行の楽しさを満喫していただく」ことをテーマに、車両設計もそれに沿って進められた。客車はすべて24系からの改造でまかな

デビュー翌年、北陸本線を快走する「トワイライトエクスプレス」。連日のように寝台券完売の盛況が続いていた。

われたが、従来のブルートレインと異なる濃緑色を基調に黄色の帯を配したデザインを採用。また、従来の寝台列車と一線を画す設備が登場し、幅広い層からの注目を集めることとなった。

専用編成は寝台車と食堂車、サロンカーで構成された。いずれも従来形から一歩進んだ意匠が開発されたが、とりわけ、編成端に1室だけ設けられた2人用A寝台個室は、最後尾から走り去る展望を独占できる——下り列車では津軽海峡線を除く全区間が該当——というこれまでにない鉄道車両として登場した。室内には同様に洗面・トイレユニットつきシャワールームなども完備。ダブルベッドを設えた寝室区画と展望タイプのソファ室で構成されることから「スイート」と命名された。「スイート」車（スロネフ25形500番台）にはほかに「ロイヤル」4室が設けられ、こちらは「北斗星」の同グレードに準じた構造だが、ソファベッドからダブルベッドへの転換を電動式とするなど異なる意匠が採用された。のちに中間車タイプ（スロネ25形500番台）が落成し、運行開始から1年を経た90年7月20日の運行から営業運転に就いている。先行車と同じく「スイート」1室と「ロイヤル」4室からなるが、「スイート」は車両中間部となり、ソファー区画に天井まで届く大型展望窓が設えられたほか、シャワーとトイレを別室にするなど居住性の向上がはかられていた。

B寝台は3タイプが登場。89年7月の運行開始時は2段式開放型B寝台の区画ごとに通路側をガラス戸で仕切った「Bコンパート」のみが連結された。簡易個室とも呼ぶべき寝台設備で、寝

2000年代中盤、JR貨物の標準色EF81形が代走として牽引するケースもみられた。

五稜郭〜札幌間では北斗星カラーのDD51形重連が牽引していた。

台個室と異なるのは区画（部屋）ごとではなくベッド単位で寝台券が販売される点であった。このタイプはのちに「北斗星」や京都～長崎間の「あかつき」などにもお目見えしている。

B寝台個室が登場したのは89年11月で、1人用の「シングルツイン」と2人用の「ツイン」が用意された。前者は通常は1人用だが、エキストラベッドで2人利用に対応。中央廊下式に個室が並び、室内には線路方向に2段ベッドがセットされていた。

共用ペースとしてはサンロンカー「サロンデュノール」と食堂車「ダイナープレヤデス」を連結。食堂車では予約制ディナーのほかパブタイムと朝食、下りではランチタイム、上りではティータイムが設定され、超ロングラン特急に相応しいサービスを提供してきた。

当初は1編成のみだったが、89年12月に第2編成が、91年4月に第3編成が加わり年間を通し週4日運行が定着。繁忙期の毎日運転も実施されるようになった。所要22時間に及ぶロングランのため、通常は始発駅ベースで大阪発が月水金土曜日に、札幌発が火木土日曜日の運転となっていた。

編成は団体運転時を除き大きな変更はなかったが、客車については2001年からリニューアルが進められ、客室内壁面を木目調としたほかモケットを木目調に合わせた色彩に変更するなど、内装や調度などが順次更新された。「スイート」では、ビデオモニタを大型の液晶型にしたほか、冷蔵庫と電気ポットを新たに設置。シャワールームが刷新されるなど、居住性のさらなる向上がはかられている。

ダイヤ面では、当初から大阪発正午

工事が進む北海道新幹線の高架をバックに津軽海峡線を走る…。

日によって上下列車行違いが２度にわたることも。長距離運転ならではのシーンであった。

「トワイライトエクスプレス」年表

1989年7月18日	招待試乗列車運行
7月21日	団体専用列車として運行開始（～同年11月10日）
11月3日	B寝台個室が投入され初運行
12月2日	一般の臨時列車として運行開始（週4往復）
1990年7月20日	2号車にスイート／ロイヤル車（スロネ25-500）を増結し9両編成に
1991年4月28日	第3編成が落成
1994年	上り列車を砂原経由に変更
2001年	客車のリニューアルに着手（～2002年末）
2006年3月18日	青森駅経由経由から青森信号場経由に変更（～2012年3月17日）
2007年3月19日	大阪発を12時から12時3分に変更
2010年3月13日	大阪発を11時50分に変更
2015年3月12日	大阪～札幌間の運行を終了
2016年3月22日	団体臨時列車「特別なトワイライトエクスプレス」の運行を終了（廃止）

が定着していたが、07年3月ダイヤ改正で12時03分発に、10年3月改正では11時50分発に変更されている。また、北海道新幹線関連の工事進捗に伴い、一部運転日における計画運休も見られるようになっていった。

一方、北海道新幹線開業に先立つ15年3月15日に北陸新幹線の長野～金沢間が延伸開業。北陸本線の金沢～直江津間が第三セクター化された。「トワイライトエクスプレス」の運行が終了したのは、それを3日後に控えた3月12日であった。

その後しばらくはツアー専用の団体臨時列車として「トワイライトエクスプレス」編成が運行されたが、16年3月21日発の下関～大阪間の夜行運行を最後にその歴史に幕が閉じられた。一部客車と電気機関車は、京都鉄道博物館に保存・展示されている。

引退後、団体列車で運行された「特別なトワイライトエクスプレス」。（伯備線）

「トワイライトエクスプレス」の車両図鑑&編成表

独自の車両が投入された一方で、編成の変更が少なかったのも「トワイライトエクスプレス」の特徴だ。その陣容を振り返ってみたい。

機関車

EF81形

客車と同じ塗色を施され日本海縦貫線内を牽引してきた。最大時6両が在籍し「日本海」などの牽引にもあたっていた。

ED79形

津軽海峡線用として開発された交流用電気機関車。青森～五稜郭間を牽引していたがヘッドマークは省略されていた。

DD51形

五稜郭～札幌間は「トワイライトエクスプレス」のヘッドマークを掲げた北斗星色のDD51形が重連で牽引していた。

客車

オハネ25-510

2人用B寝台個室「ツイン」車でオハネ25形からの改造で登場。ツイン9室のほか前位側にミニサロンが設けられフリースペースとして活用されていた。

カニ24-0

「トワイライトエクスプレス」用として改造や塗色変更が施されたが、タネ車からの改番はなされていない。製造時期により仕様の違いもみられた。

オハネ25-520

B寝台個室「ツイン」7室と「シングルツイン」6室からなる合造車で、オハネ25形からの改造で投入された。部屋構造の違いは側窓からもうかがえる。

スシ24

1987年度に「日本海」用として485・489系電車のサシ481・489形から改造された食堂車で、「トワイライトエクプレス」への投入にあたり塗色変更が施された。

オロネフ25-500

1号車で用いられたA寝台個室「スイート/ロイヤル」の合造緩急車でオハネ25形からの改造で誕生。引退後は京都鉄道博物館で保存・展示されている。

オハ25-550

3号車「サロンデュノール」車でオハネ15形とオロネ14形から改造。大型の展望窓が異彩を放った。引退後は京都鉄道博物館で保存・展示されている。

【凡例】 食＝食堂車「ダイナープレヤデス」 サロン＝サロンカー「サロン・デュ・ノール」 Bコ＝開放型B寝台（簡易個室）「Bコンパートト」 BST＝1人用B寝台個室「シングルツイン」 Bツイン＝2人用B寝台個室「ツイン」／ミニサロン Aロイヤル＝1人用A寝台個室「ロイヤル」 Aスイート＝2人用A寝台個室「スイート」 電＝電源車

1989.7（団体列車として「トワイライトエクスプレス」デビュー）

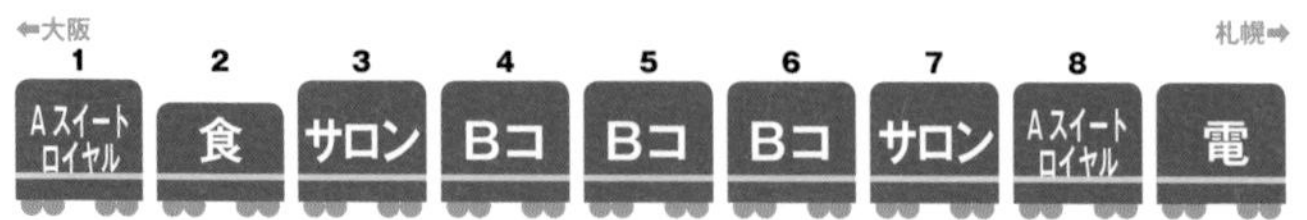

青森～五稜郭間逆向き

初期の団体運転時は1・8号車に展望タイプのスイート・ロイヤル車を連結。ただし8号車は電源車と隣り合っていたため展望はいまひとつ。また、サロンカーも2両体制で8両中3両が共用スペースであった。

1989.11（B寝台個室を連結）

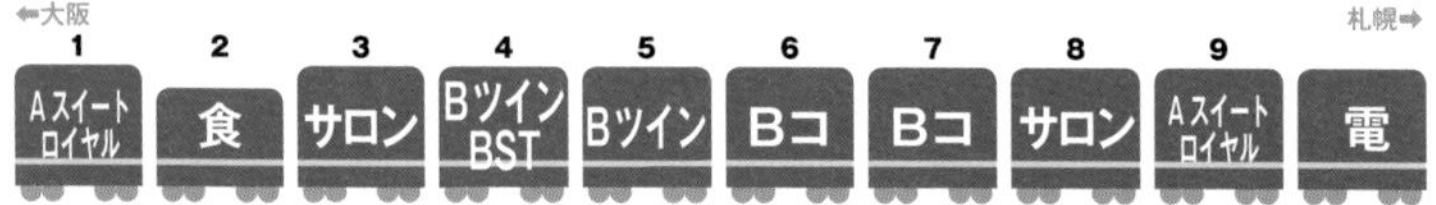

青森～五稜郭間逆向き

団体運転時代後半になると新タイプのB寝台個室「ツイン」と「シングルツイン」が登場。同時に、客車は9両編成に増強されている。旅のスタイルにより多様性が加わった。

1989.12（営業運転開始）

青森～五稜郭間逆向き

一般の臨時列車になると、スイート・ロイヤル車とサロンカーは1両のみになった。一方でB寝台の個室車が1両加わったが、再び客車8両編成になっている。

1990.7（A寝台個室車を1両追加）

青森～五稜郭間逆向き

2号車に新タイプのスイート・ロイヤル車が加わった。スイートは車両中間部となり居住性の向上もはかられている。再び9両編成となり、これが基本形として最終運行まで維持されることとなった。

「トワイライトエクスプレス」の客室リニューアル

運行開始からおよそ12年を経た2001年から編成単位で順次リニューアルが進められた。「木のぬくもり」をテーマに壁面を木目調に変更したほかモケットのデザインを一新。「スイート」では大型液晶テレビや冷蔵庫、電気ポットを新たに装備したほか、シャワールームもリフレッシュされた。外観では窓下部分の黄帯の上下に銀色のラインを追加、エンブレムのデザインが変更されている。

Before：ツインベッドが採用され、展望スペースのビデオモニタは控えめだった。

After：ダブルベッドとしたほかモニタを大型液晶タイプに。カーテンなども一新された。

2001.12（客車リニューアル）

青森～五稜郭間（2006.3～2012.3は函館～札幌間）逆向き

編成の変更はないが、客車のリニューアルが編成単位で実施された。壁面や調度の変更などで、個室内のみならず通路など共用スペースも改修されている。

2015.5（特別なトワイライトエクスプレス）

大阪～札幌間の運行が終了したのち、ツアー専用列車としての運行が実施された。客車７両に縮小されたものの、A寝台個室を中心とするハイグレード編成となり、まさに「特別な」列車であった。

内浦湾を背景に札幌へ向かって「トワイライトエクスプレス」が走る。（室蘭本線　黄金〜崎守間）

DD 51 1095

おわりに

古い思い出に固執してもしょうがないけれど、たしかにあの時代は私にとって汽車旅の黄金時代だったのだな——本書の執筆を終え、そんな思いにもかられます。旅の目的や楽しみはさまざまですが、「北斗星」や「トワイライトエクスプレス」という「無性に乗りたくなってしまう列車」があったからこその汽車旅があったのだと思うのです。

本書に綴った汽車旅模様のなかには、すでに三十数年が過ぎてしまった思い出もあります。意外と記憶に残っていることもあれば曖昧な部分もあり——会社員時代に「なぜカメラを持っていかないのですか？　後で写真が役に立つように思うんですけど」と後輩から言われたのを思い出しつつ、「写真を撮ってたらどうだったかな」と思わないでもありませんが——、時の流れをいまさらながらに実感してしまいます。その流れのなかで、私が愛着してやまなかった列車たちがその一生を全うし、走り去ってゆきました。素晴らしい時間を共有できたことへの充実感とともに、移りゆく時代というものを自覚しないではいられません。

本書製作にあたり、（株）天夢人の北村光さんとのタッグを組ませていただきつつ、多くのアシストをいただきました。またつぎの〝汽車旅同行〟を楽しみにしつつ、この場にて御礼申し上げます。

植村　誠

編集
北村 光（「旅と鉄道」編集部）

カバーデザイン
天池 聖（drnco.）

本文デザイン
竹内真太郎、納屋 楓（スパロウ）

校閲
木村嘉男

写真・資料協力
佐々倉 実、RGG、岸本 亨、
PIXTA、Photo Library、
「旅と鉄道」編集部

旅鉄BOOKS 067

寝台特急「北斗星」
「トワイライトエクスプレス」の記憶

2023年6月30日　初版第1刷発行

著　者　植村 誠
発行人　勝峰富雄
発　行　株式会社天夢人
〒101-0051　東京都千代田区神田神保町1-105
https://www.temjin-g.co.jp/
発　売　株式会社山と溪谷社
〒101-0051　東京都千代田区神田神保町1-105
印刷・製本　大日本印刷株式会社

◉内容に関するお問合せ先
「旅と鉄道」編集部　info@temjin-g.co.jp　電話03-6837-4680

◉乱丁・落丁に関するお問合せ先
山と溪谷社カスタマーセンター　service@yamakei.co.jp

◉書店・取次様からのご注文先
山と溪谷社受注センター　電話048-458-3455　FAX048-421-0513

◉書店・取次様からのご注文以外のお問合せ先
eigyo@yamakei.co.jp

Printed in Japan
ISBN 978-4-635-82495-8